THINK FUTURE

「未来」から逆算する生き方

UCLAアンダーソン・スクール・オブ・マネジメント心理学教授
ハル・ハーシュフィールド
けんすう解説
（古川健介）
今井仁子訳

東洋経済新報社

YOUR FUTURE SELF
How to Make Tomorrow Better Today
by Hal Hershfield

本書を読む前に

「未来の自分」と仲よくなるという目からウロコの発想

けんすう（古川健介）

本書のような海外の本を翻訳したものにはときどき、このような「読みどころ」みたいなものが入るときがある。読者としては、「読んでも読まなくてもいいもの」としてとらえる人もいれば、「本は最初から読みたいから、一応読む」という人がいる程度のものだ。だから、このあたりで「あ、この文章は本文じゃないな、さっさと本文に飛ぶか」と思っているかもしれない。しかし、この文章は今回に限っては価値のあるものになるかもしれないのだ。なので、少しだけおつき合いいただきたい。

価値があるものになるといっても、これは私の書く文章が優れているからでも、本書の解説が上手だからでもない。この本をすでに読み終わっている私にとっては、どんな価値を提供すればいいのかわかっているからというだけだ。まるで、手品ショーの観客の中で、1人だけマジックのタネを知っているようなものである。

それは何か？　結論から言うと「読み終わった後の姿を想像させてあげるだけで、読者がこの本を読み終えようと思えるようにできる」である。

というのも、今あなたは「この本を読み終わった後の自分」を想像できていないはずだ。まるで「他人」のように感じているはずである。

あなたは今から、この本を全部読んで理解する、というそれなりに労力がかかる行動をとることになる。中には、ビジネス書の大量の文章を読むのがまったく苦ではない読者もいらっしゃるだろうが、多くの人にとっては、これは知的なトレーニングのようなもので、簡単なことではない。

読み終わった後の未来の自分を想像できないから、今、この瞬間の感情に左右されやすいはずだ。たとえば「眠い」「お腹すいた」「ゲームしたい」「面倒くさい」などである。よほど意志が強い人でもないかぎり、多少の努力なしでは読みきれないはずである。

しかし、本書を読み終えた後では、意志の強さや努力にかかわらず、なりたい自分になるための非常に強力な武器を手に入れることになる。完璧とまでは言わないまでも、語学学習、ダイエット、健康や美容のための運動などができるようになるかもしれない。

その姿をまずは鮮明に想像してほしい。その姿を想像すればするほど、本書を読み進めることができるようになる。

どんな本なのか

さて、さらにこの本を楽に読めるようになるために、もう少し本書について解説したいと思う。この本は、なぜ他の類書と違うのか、そしてどこが優れているのだろうか?

この本の趣旨を身も蓋《ふた》もなく言うと「**将来なりたい自分になるための方法を書いた本**」となる。

これだけ聞くと「よくある自己啓発本か」と興味をなくすかもしれない。おそらく、この本を手に取った時点で、あなたはよく自己啓発本を読んでいるだろうから、同じようなテーマは見飽きているかもしれない。

では、もうひと言つけ加えてみよう。それは「**未来の自分を具体的にイメージすることによって**」だ。

これでも多くの読者は「そんなものはよく聞く」と思うかもしれない。数多くの本で「より具体的になりたい姿を想像することで、あなたはそのイメージに近づけますよ」と教えてくれるからだ。

たとえば「ベンツが欲しいのですか？ では、ベンツに実際に乗ってみて、より鮮明なイメージを持ちましょう」といったものだったり「お金持ちになりたいのですか？ では、高級なホテルに行き、1杯2000円のコーヒーを飲んで、成功者の生活をイメージしてみましょう」といったものだ。

ありきたりな方法に見えるかもしれないが、この方法は極めてパワフルである。

私はやりたいことが見つからない、と悩んでいる読者に向けて『物語思考』（幻冬舎）という本を執筆したことがある。内容についてごく簡単に説明すると「何をしたいのか、よりも、将来どうなりたいのかを考えて、その解像度をなるべく高くし、そのなりたい状態に近いキャラを設定し、それを演じることで行動を変えて、なりたい状態に近づく」といったものだ。

この『物語思考』の中でも前述の方法を勧めている。いかに、なりたい姿を鮮明に想像できるのか？　は、なりたい姿になるためにもっとも大事なことの1つであるとすら考えている。

実際、私も大学受験時に、入りたい大学の在籍者のふりをして、インターネット上でさまざまな受験生にアドバイスをしたり、合格体験記を大量に読んだ後に自分で書いてみたり、実際に自分で大学に出向いて大学生のフリをして歩いたりするなどの行動をとっていた。

なので、この「なりたい状態の解像度を上げていく」という点については心から賛成なのだが、この本を読むまで、1つの重要な観点が抜けていたことに気づいた。

それは「**その未来の姿が、自分と連続した存在であり、赤の他人ではなくて、自分だと思えるのか**」である。

「未来の自分」が「自分」だと思えないとなぜダメなのか？

正確に言うと、本書の中に「未来の自分は、ある程度は赤の他人である」のような表現が出てくるように、未来の自分はやはり他人のようなものである。しかし、**まったく関係性がない赤の他人であるか、非常に親密な存在であるかで、自分の行動が変わる**と本書では主張している。

たとえば「未来の自分を他人だと感じ、なおかつ利己的に行動する傾向があるのなら、未来の自分の利益などおもんぱかれるはずもない」と書いてある。

わかりやすく言えば、未来の自分を他人だと思っていたら「ケーキやラーメンを夜中に食べても、それは（他人のように感じる）未来の自分が困るだけだ」となってしまう。つまりは、自分に害があることも平気で実行できてしまうわけだ。

逆に、遠い未来の自分に親しみを感じる人は、大事にするはずである。自分自身だと思えなかったとしても、自分と親しい人間だと感じるなら、その人が困るようなことはしないからだ。実際に、未来の自分とのつながりを感じている人ほど、貯蓄額が多く、経済的に豊かであることが判明した、と本書には書いてある。

「今の自分」に左右されるな

さらに重要なことに、「今この瞬間に抱いている感情こそが、過去の感情や未来に起こるであろう感情よりも重要」ということも書いてある。

わかりやすい例として、旅行前のパッキングの話が書いてある。今、寒いと感じていたとすれば、旅行先で着る予定のない上着などをつい入れてしまう、ということだ。

私も、夏に冬服を見ると「こんな暑い服、必要ない」と思ってつい冬服を処分してしまうし、冬には夏服をいらないものとして捨ててしまうことがよくある。これもすべて、現在の感情で考えてしまっているからだ。

また、別の例として「遠い未来の予定に、重いものを入れてしまう」というのもある。たとえば私は先日「1冊の本を読んで、その解説を5000文字で書く」という仕事の依頼を引き受けたのだが、これを明日までにやってくれ、と言われたら確実に断っていた。

しかし、締め切りが1カ月後だったため、未来の自分の感情を考えずに引き受けてしまったのだ。そして今、締め切り当日に本を読み、泣きながら深夜に5000文字の原稿を書く羽目になっている。

人間は、未来の自分が経験する感情を理解できないのだ。

さらに遠い未来になると、自分が何を重要視するかも変わる、という話が本書で出てくる。今大好きなアーティストがいて、そのアーティストのライブならいくら払っても行きたい、と思っていても10年後には興味がなくなっているかもしれない。

理屈ではわかっていても、自分の今の感情は現在進行形の「生のもの」なので、なかなかそうは思えないのだ。

未来の自分とのつながりを強化し、倫理的に決断する

ここまでの話をまとめると、大事なことは、

- **未来の自分を鮮明に想像し、自分だと思う、または親しみを感じる対象であると認知することは大事である**
- **人は、現在の自分の感情は、未来の感情よりも大事なものとして扱ってしまう**

ということだ。

未来の自分とのつながりが強ければ強いほど親近感を感じ、倫理的な行動をとる傾向があるということらしい。一方で、現在の感情には引っ張られてしまうので、ここを解決することが、なりたい自分になるための重要なポイントであるわけだ。

もちろん、本書では、それを解決するための具体的な方法がいくつも紹介されている。前述のような、未来の自分を具体的にイメージすることから、未来の自分に手紙やメールを書くことも推奨されている。自分の顔写真を老化させるアプリを使って、未来の自分をよりリアルにイメージすることも紹介されている。

将来の自分と定期的に対話をする時間を設けるという提案もある。未来の自分はどのような回答をするか？　をくり返すことで、より身近に未来の自分を感じることができるようになるのだ。

考えてほしいこと

そろそろ本書に入りたくなってくる人も多いだろう。

しかし、この本を勇んで読もうとする前に、1つだけ試してみてもらいたいことがある。それは、この本を読み終わった後の自分にメールを書いてみることだ。材料は、この序文のものだけを使って、「こんな内容ではないか」というのを想像して送ってしまえばいい。

そうすると、まず「未来の自分との距離が近くなり、親密に感じられる」という体験ができる。さらに、この本を読んだ後の自分の姿を想像することになり、未来の自分の解像度が上がる。

本の方向性をある程度わかった上で読み進められるので、理解度も上がるはずだ。

私が本書を読んでいちばんに感じたことは、「自分の未来と、親密になろうという発想がいっさいなかった」ということだ。

将来こうなりたい、という状態があったり、その状態を想像できる人は多いと思う。しかし、その未来の自分と、親密な家族や友だちのような感覚を持てている人はどれくらいいるだろうか。

おそらく、ほとんどの人が考えたこともないのではないか。未来の自分は、当たり前のように今の未来の自分とつながっているものだ、と感じるのが普通である。

しかし、本書を読んで振り返ってみると、「1年後の自分」すら他人のような距離が感じられ、その人物がどんなに苦労しようが、嫌な目にあおうが、今の自分とはまったく関係ないような感覚があることに驚く。

そんな距離感では、今の自分が未来のために行動ができるはずないのだ。まったく知らない他人のために、今の自分の喜びを捨て置き、苦しんでまで行動をするというのは本当に難しいことだからである。

まるで他人のような未来の自分と親密になるためには、多くの行動とメンテナンスが必要になる。

他人と親密になるためには、何度も会話をしたり、食事をしたり、遊んだりしないといけないのと同じように、未来の自分とも、頻繁にコミュニケーションをしなければ仲よくはなれないのだ。

また、一度仲よくなったからといって、しばらくやりとりをしていなかったら疎遠になってしまうように、未来の自分との関係性も、常にメンテナンスが必要なものなのだ。

本を読み終わった自分に向けてメールを打つという行動は、未来の自分と仲よくなるための最初の一歩であり、**今後も長く続けられる手法の1つ**だろう。本書を読み終わった後に、別の本を読むときにも使えるテクニックのはずだ。

10年後の自分にメールを打つのは気恥ずかしかったり、腰が重くなってしまうという人でも、本を読み終わった後の自分にメールを送ることは、比較的ハードルが低いはずである。本書を読み進める前に、ぜひとも一度、試してみてほしい。

たった数行でもかまわない。人間関係のきっかけは、劇的な出会いであることのほうが少なく、ほとんどが大したことがない始まりだったりするのだから。

はじめに

あなたはこの先の人生をどう描くだろうか

あなたは、緑生い茂る森を歩いている。すると目の前に突然、装飾が施された鉄の門が現れた。そこには簡素な看板が掛けられており、「未来への小径《こみち》」という言葉が刻まれている。門の向こうには木立へ続く砂利道が続いている。好奇心をそそられて、歩みを進めることにする。

門を開き、足を踏み入れると、冷気が体を包む。気がつくとあなたは自宅の近所を歩いている。どうやら現在ではなく、20年後のこのあたりのようだ。家の前にたどり着くと、玄関のドアが開いた。そこにいて、あなたを見つめる人物は……まぎれもないあなた自身。20年後の自分が目の前にいる。顔や体のそこここに20年という歳月の経過が見てとれる。腹には数キロ分の脂肪が蓄えられ、顔にはしわがある。動作も緩慢だ。

20年後の自分に話しかけてみよう。

結婚しているのか。子どもはいるか。この20年に世界はどう変化したか。どんな出来事があったのか。健康に問題はないか。収入や財政状態はどうか。自身のキャリアに満足しているか。幸せに暮らしているか。人生から何を学び、何を誇りとしているか。人生の意味や喜びを見出すことはできたか。後悔したり失望したりしていないか。遺《のこ》せるものはあるのか。

だが、ちょっと待ってほしい。未来の自分を質問攻めにする前に、考えてみよう。あなたは今後20年の人生についてどれだけの事実を知りたいのか。知らないままでいたくはないのか。なぜなら、未来の自分から話を聞いたことがきっかけで、門に引き返してからの自身の考えや生き方が変わるかもしれない——。

以上はテッド・チャンの短編小説「商人と錬金術師の門」（早川書房『息吹』収録）を題材

に私が創作したシナリオだ。タイトルが示すとおり、語り手である商人が過去・現在・未来の自分と通じる門を所有する錬金術師と出会う話である。

私はこのSF小説をアメリカ・カリフォルニア大学ロサンゼルス校の授業で、マーケティングと行動経済学の教材に用いている。さらには友人や家族にも読んでみるよう熱心に勧めている。

「タイムトラベル」を題材にして、登場人物ではなく読者の心が浮き彫りにされる点が特徴的だからだ。

人生を左右する能力

脳の活動を画像化する研究が始まったころ、研究者たちは基本的でかつ重要な疑問に多くの時間を費やしていた。その1つが「特に何も考えずただ横になっているとき、脳では何が起こっているのか」というものだった。

謎を解明するため、研究者は被験者をスキャン装置の中に横たわらせ、頭を空っぽにするよう指示した。安静時の脳は、テレビの電源を消したときのように静かな状態だろう――

研究者たちはそう考えた。

しかし、彼らが発見したのは、現在「デフォルトモード・ネットワーク」と呼ばれる脳の神経活動であった。

たとえば仕事中、雇用改善のためにどんなプレゼンが効果的だろうと思案を巡らせていたはずが「しまった、あの調査結果を同僚に送るのを忘れていた。メールすると約束していたのに」「そういえば他にもやらなきゃならないことがあるじゃないか。しかも今日が締め切りだ！」と思い出す。

そして「来週の父親の誕生日に送るカードを買っていなかった」ことに気がつき、「子どものころの父はどんなだったっけ」としばし昔の思い出にふける。さらには「わが子が思春期に入ったら、父親としてどう向き合えばいいんだろう」と悩み始める。これが「デフォルトモード・ネットワーク」の働きだ。

こんなふうに、思考はわずか数秒間で行ったり来たりをくり返す。現在から近い未来へ、そして遠い未来へ飛んだかと思えばいきなり現在に戻り、過去にさかのぼり、そして再び遠い未来へ羽ばたく。これが「メンタルタイムトラベル」と呼ばれる現象だ。

しかし、このタイムトラベルは、作家スティーブン・ジョンソンの言葉どおり「人間の知性を特徴づける特性」なのかもしれない。

心理学者のマーティン・セリグマンとジャーナリストのジョン・ティアニーは、ともに寄稿したコラムでさらに踏み込んで言及している。彼らの言葉を借りれば、生物としての種を分かつのは**「未来を熟考する能力であり、我々は未来を思い描くことで前進する」**。

タイムカプセルに託すもの

紙とペンでみずからタイムトラベルに臨む人もいる。２０２０年5月6日、サウディ・ラバーは自室で机に向かい、人間関係のことや幸せを求める思いをつづっていた。日記でもなければ親しい友人への手紙でもない。それは自分に宛てたもので、その手紙は1年後に受け取ることができる。その日は、全世界で1万８０００人以上の人が自分に手紙を書いた。

小学生のころ、手紙や写真などの思い出の品を「タイムカプセル」に入れて土に埋め、5年後や10年後に掘り起こした経験はないだろうか。

「フューチャーミー」（Future Me）はそこからヒントを得た人気のネットサービスで、これまで１０００万人もの人々がこのサービスを利用して手紙を書いている。「フューチャーミー」に寄せられた手紙には、さまざまな感情や話題がつづられている。
「私は怖い。どうしようもなく怖い。人生の選択肢はいくつもあるのに、どの道に進めばいいのかわからない」と今後の進路に悩む内容もあれば「でも覚えておいて……私はいつもあなたを応援してる」とみずからを励ますものもあり、そしてただ笑えるものもある。
「未来のオレへ。今のオレとの違いはなんだか教えてやるよ。お前、おっさんになったな」

入学時に書いた手紙を卒業時に受け取るという、高校生の通過儀礼に過ぎなかった行事が、パンデミックを経て新たな価値を持つようになった。多くの人が手紙を通して、これまで以上に未来の自分に興味を持つようになったようだ。そして手紙を書くひとときを、未来を変えるチャンスにつなげたいと思う人も増えたのではないか。

設立者マット・スライ氏が、手紙を通じて未来の自分と対話する気分はどんなものかという疑問から始めたサイトは多くの人々の好奇心を捕らえた。

２０１９年に１日４０００件だったアクセス数は、１年後には１日２万５０００件に膨らんだ。２０２０年の１年間だけで５００万通を超す手紙が書かれた。未来を垣間見ることは私たちにとってそれほど魅力的なのだ。

「過去」「現在」「未来」はどうつながるか

私は、このタイムトラベルという能力が——あくまでも脳内の旅行だが——私たちの感情をどうコントロールし、重要な物事に対してどれだけ効果的な決断を促すかという研究を行っている。

たとえばお金と健康。この2つは短期的な欲望と長期的な希望がせめぎ合う事象だ。私たちは、たとえ少し予算をオーバーしても、いい車を購入したいし、飲みすぎはよくないとわかっていても酒をおかわりしたい。おいしそうなデザートも味見したい。同時に、経済的に安定し健康でいたいという思いも強く持っている。

自分の過去と現在、そして未来のつながりを強化することで、人生において何が重要かという新たな視点を得ることができる。ひいては望みどおりの人生を築くことも可能になるのだ。これが本書の主旨の1つだ。

たかが脳内の旅行、現実を変える効果なんてないと思ったら大間違い。**未来の自分についての思考は、現在と未来の自分に大きな影響を与える**のだ。

そもそも「未来の自分」とは何者だろうか。

人は一生のうちで1つの人格を貫くというのが世間の認識だ。多くの人は親がつけてくれた名前をずっと使い、人生の記憶を重ねる。好き嫌いもそのほとんどは一貫している。

もちろん、体の細胞は日々生まれ変わるし、身につける服は流行や年齢に応じて変化する。友人の層も変われば顔だって老ける。それでも「自分は自分」であることに変わりはない。一方、私の研究では異なるストーリーが登場している。

それは、人というのは1つの核としての自己から成り立つのではなく、複数の自己の集合体であるというもの。**つまり「私」ではなく「私たち」**なのだ。

つまり、人は誰でも日々の生活の中でさまざまな顔を持っている。夜更かししてテレビを見る「夜の顔」もあれば、犬を散歩に連れて行ったり、トレーニングジムに通ったり、今日もがんばろうと思う「朝の顔」も存在する。

さらに視野を広げれば、仕事をするときの顔、同僚と一緒のときの顔、友人と過ごすときの顔もある。10年前の、学生時代や社会で働き始めたころの自分も今とは異なる。ならば10年後や25年後の、経験やスキルを積んで精神的に成長した自分の顔が、現在とは異なることも容易に想像がつくはずだ。

未来について考える場合、どうタイムトラベルするかによってその影響は大きく変わる。たとえば5年後も子どもと元気に遊べるよう健康でいたいならば、現在より5歳年上の自分自身に思いをめぐらすだろう。そうはいっても人は5年の間にいくつもの顔を持つ。重要なのは、一部の心理学者も指摘するとおり、**未来と現在の自分がどれだけ似通っているか**だ。

たとえば、早起きしてジョギングを敢行するためには、翌朝どんな状態か——頭がぼんやりしていてベッドから起きられないのか——想像する必要がある。つまり、現在のモチベーションを明日の朝まで維持するにはどうすればいいか考えておかねばならない。たとえば5時25分にコーヒーメーカーのスイッチが入るよう、タイマーをセットしておく、とか。

効果的なタイムトラベルの方法を学べば、未来の自分に対する考え方やつき合い方が改善される。その結果、よりよい未来をつくっていくことができる。

ある慈善団体の担当者によると、被災地や被支援者の現状をより鮮明に説明すればするほど、募金も増えるという。この方法を利用すれば、未来の自分をより具体的に想像できるのではないか。

そこである実験を行った。無表情の被験者を撮影し、写真加工アプリで老化したアバター、つまり被験者の分身を作成し、それを被験者に見せるというものだ。顔には年を重ねるごとに現れるありとあらゆるおもしろい特徴を加えた。髪を白髪に変え、耳たぶを垂らし、目の下は大いにたるませてみた。

被験者にはバーチャルリアリティーの没入型ディスプレイを用いてアバターを見せた。被験者の半数には現在のアバター、もう半数には老化したアバターを見せる。しばらく経ってから被験者に調査を行ったところ、未来の分身と対峙《たいじ》した被験者は、もう半数の被験者と比べて、老後資金用の口座により多く預金するようになった。その後も、何千人もの被験者を対象に同じ実験を行い、稼いだお金で人々がどんな決断をしたか、記録を続けてきた。

この実験は１つの試みにすぎなかったが、得た教訓は大きい。**幸福な未来を創造するためにより適切な決定を下すには、現在と未来の自己のギャップを埋める方法を模索する必要がある**ということだ。

タイムトラベルを簡単に行い、魔法の門をくぐれるよう手助けすること。これが本書の目的である。

とはいえ、私はタイムマシンを発明できない。そこでタイムマシンの代わりに、人生を通して自分自身について深く思索するきっかけを提供したいと思う。

「商人と錬金術師の門」の商人は、魔法の門をくぐりぬけても未来は変えられないと知って落胆する。しかし錬金術師は「少なくとも知ることはできる」と彼に告げる。

しかし私たちにできることは、未来を知るにとどまらない。**未来を見据え、計画を立て、実行することで、自分自身を変えることが可能になる。**

運命は定められたものではない。すべては旅人としてのあなたにかかっている。

もくじ

2 「未来の自分」を味方につける

3 「時間軸」を考える

PART 2

人生の乱気流

4 大後悔！——乗り遅れた飛行機

PART 3

航路を拓《ひら》く方法

7 「想像以上の未来」がやってくる

8 最後までやり遂げる簡単な方法

9 〝今〟を楽しむために

PART 1

旅の始まり

1

私は「ずっとこのまま」なのか

ペドロ・ロドリゲス・フィリョは生まれながらに頭蓋骨が陥没していた。狂暴だった父親が妊娠中の妻の腹を殴ったため、母親の胎内で骨折したのだ。

彼は生まれと育ちの両方で暴力的な気質を受け継いだらしい。その狂暴性はペドロの人生において中心的な役割を果たし、その結果、彼は20世紀におけるブラジル史上最悪の連続殺人犯として名をはせることになる。

幸福な人生について考えるための本なのに、なぜ実在の殺人鬼の話から始めるのか。理由を教えよう。これからご紹介するが、晩年のペドロは、かつての彼とはまるで別人の日々を送ったからだ。

彼の一生をたどってみると、ある大きな疑問に突き当たる。未来の自分を決定づけるものは何か。言い換えれば、なりたい自分になるにはどうすればいいのか。これはペドロのような極端な人間だけでなく、多くの人々が追求する人生の問いである。

消し去りたい過去

1966年、当時13歳のペドロは年上のいとこに殴られた。年齢のわりに体が小さかったため、殴り返そうとしても相手にならなかった。家族や近所の子どもたちはそんなペドロをバカにした。ペドロは復讐を誓う。そのチャンスがやってきたのは、祖父の工場で働いていたときのことだった。いとこをサトウキビの圧搾機に押しつけたのだ。腕と肩が砕けて、かろうじて命だけは助かった。

その1年後、ペドロの父親が、学校の購買で窃盗をはたらいた罪で警備員の仕事をクビになる。父親は昼間の警備を担当する男が犯人だと主張したが、処分はくつがえらなかった。自伝によるとペドロは父親が冤罪《えんざい》を被ったことに憤慨し、家中のナイフや拳銃をかき集めると森に30日間こもり、報復の方法を練ったという。その後、街に戻ったペドロは父をクビにした男（当時の副市長）を探し出して射殺した。

それでも父親に対する不当な処分への憤りは消えない。ペドロは警備員を見つけ出すと拳銃を2回発射し、遺体を家具や箱などで覆い、火をつけた。

しかし、これはそれから続く残忍な暴力行為の始まりに過ぎなかった。18歳になるころには「ペドリーニョ・マタドール（殺人者）」「殺人者ペティ」というあだ名で呼ばれるようになる。彼は右の腕に「悦《よろこ》びゆえに殺す」、左腕には死んだフィアンセの名前とともに「愛ゆえに殺す」とタトゥーを彫った。

ようやく警察に捕まったペドロは18件もの殺人罪で起訴され、悪名高いサンパウロの刑務所へ送られる。パトカーでは連続強姦犯とともに後部座席に乗せられた。その連続強姦魔が、生きて刑務所にたどり着くことはなかった。

ペドロは1985年までの間に計71人を殺害しており（父親を含む）、言い渡された懲役刑は延べ400年に及んだ。しかしペドロの暴挙はとどまるところを知らない。服役中に47人もの受刑者を殺害したとされる（自身は100人以上と主張している）。その凶行は非難されるべきものだが、殺人鬼としてのズバ抜けた才能を裏打ちするエピソードでもある。なにしろサンパウロの刑務所には、ブラジル最悪の犯罪者ばかりが収容されていたのだから。

そうした事件を起こす一方で、刑務所ではハードな運動プログラムを受講したり、読み書きの訓練を受けたりした。ファンレターへの返事も書くようになった。

２０００年代初め、ブラジル当局は難題に直面する。「殺人者ペティ」は刑務所内の人口を徐々に減少させていたが、問題は他にあった。ブラジル人の平均寿命が43歳だったころに制定された刑法だったため、懲役期間の上限が30年と規定されていたのだ。

ブラジル史上最悪の犯罪者が世に放たれることを恐れた裁判所は、法の抜け穴を見つけ出し、起訴後に新たな罪を犯した場合、刑期を延長できるとした。しかしペドロは不服を申し立て、勝利する。

２００７年４月、最長の刑期にわずか４年を加算した34年間の懲役刑を終え、ペドロは出所した。

ブラジルには保釈者向けの更生プログラムは整備されていなかったが、ペドロは片田舎にあるピンク色のコテージに引っ越し、静かな生活に適応しようと努力した。

一方、当局はペドロを再び刑務所に押し込もうと躍起《やっき》になる。２０１１年、ペドロは服役中に暴動を主導した罪で再逮捕された。２０１８年に出所。64歳の彼は若々しい体格で、日課の筋トレを欠かさず行った。さらには友人の助けを借りてユーチューブチャンネルを開設。人々を応援するメッセージやストーリーを発信するようになる。

もう何年も人を殺《あや》めていない。そんな気も起こらないし、必要もない——というのが彼の説明だ。それが事実かどうかは検証の余地があるだろう。しかし、かつてサイコパスと診断され、実際に大勢を殺したにもかかわらず、現在は禁欲的な（傍から見たら）生活を送っている人間は、果たして生まれ変わったと言えるのだろうか？

いくつになっても「自分を変える」ことができるか

私は、ペドロに話を聞くことにした。

リモートでインタビューを行うことになったのだが、セッティングは簡単ではなかった。ポルトガル語に堪能な大学院生が通訳を引き受けてくれたのだが、有罪判決を受けた連続殺人犯に自分の連絡先を知られるのを恐れたため、偽名のメールアドレスを経由してスケジュール調整を行った。パンデミックの最中で、私と妻は自宅でリモートワークを行っていた。落ち着いて面談を行いたいと考え、彼女に相談し、書斎を使う許可を得た。しかしペドロとの約束は幾度となく延期され、妻が自身の仕事のために書斎を使う時期と重なってしまった（児童心理学者である妻は、子どもと遠隔療法のセッションを行う予定だった）。

結局、私は幼い息子が眠るベビーベッドの向かいのロッキングチェアに座り、ブラジルの悪名高き連続殺人犯と話をする羽目になった。

私はまずペドロに、若いころの自分と今の自分を比べてどう感じるか尋ねた。ある意味同じ人格だと思うか、それとも根本的に異なるか。

ペドロの言葉によどみはなかった。「昔の自分に嫌悪感を抱いている。俺は、自分が生まれ変わったと思っている」彼はきっぱりそう言った。

私は、新たな自分に変化を遂げる特別な瞬間というものは存在したのか、と尋ねた。彼は「徐々に変わったのだ」と答えてから、そういえばそんな出来事があったと言い出した。ある監房から別の監房への移動中、3人の囚人に襲われ、顔や口、鼻や腹部など体のありとあらゆる部分をナイフで刺された。抵抗したところ、誤って1人を殺してしまった。独居房に監禁された彼は、神と「取引」めいたことをしたのだという。

その「取引」とは、もし独房から出られるならば、これまでとは異なる、まったく新しい自分になるという誓いだった。多くの点で、彼はその約束を守ったと思われる。殺意という感情を放棄したのもその1つだ。怒りには暴力で対応する激情的な人間だったのが、社会的に容認される方法で怒りを発散するようになった(かかさず運動を行ったのもその一例だ)。

晩年は毎朝午前4時に起床して、体を鍛え、リサイクル工場でわずかな日銭を稼いで生活していた。まさに世捨て人のごとく、酒も飲まずパーティーにも出ず、大勢の人々が集まる場所にも行かなかったという。

時間があるときには罪を犯した若者を集め、人生を変える方法を伝授した。彼の口調には真実味が感じられた。犯罪から足を洗わせ、若者を新たな人間へと変身させることに喜びを見出すという話は本当なのかもしれない。

ただし、彼は変わる難しさについても語った。出所後、人生をやり直そうとする人々を見てきたが（牧師になった者もいるという）、その大多数が「本来の自分」を残したままだという。彼いわく「塀の中しか知らない人間」にとって、根本的な変化は難しいのだそうだ。

それなら日々の生活は変わっても、ペドロは昔のペドロなのだろうか？　それとも「マタドール」の殻を脱ぎ捨て、生まれ変わったペドロなのだろうか？

さらに言えば、現在と未来の自分は本質的に異なるのか。異なるとすれば、どんな影響をもたらすのか。

（注：残念ながら、ペドロは2023年3月に何者かによって路上で殺害されたと現地メディアに報じられている）

船で世界1周するように

あなたは数年間の休暇を取ることにした。小型船を購入し、世界中を航海する旅に出るのだ（船のオーナーにとってもっとも幸せな瞬間は、船の購入時と売却時であるのは十分承知しているが、ここでは航海が長年の夢だったという設定で話を進めたい）。

旅では強風に見舞われることもあるだろう。そう考えたあなたは、得意のダジャレを駆使してヨットに「ワールド・トラベラー」という名をつけた。「ワールド」は「世界」を意味する「World」ではなく「ぐるぐる回る」という意味の「Whirled」だ。購入したヨットで（どうせ買うなら大きなヨットで）北ヨーロッパから大西洋を西へ向かう。最初の停泊地はカリブ諸島の――そう、アルバに決定だ。

いくたびか嵐に遭遇したものの、なんとかアルバにたどり着いた。ふと見るとヨットの帆の1つが裂けている。長旅の途中で破れてしまったのだ。でも帆を取り換えれば航海できる。帆を新調し、パナマ運河を抜けてフランス領ポリネシアを目指す。しかし到着してみると、今度は甲板の一部にひび割れが生じている。新しい甲板が必要だ。

航海ではこの手のハプニングは頻繁に起こる。そうして3年後、なんとか北ヨーロッパに帰還したときには、帆から甲板、船体にいたるまで、ありとあらゆる部品が取り換えられていた。信じられないだろうが、これはあくまでも想像上の話。仕事を辞めて世界を航海することじたい、無謀な話だ。

ここで大きな疑問が生じる。3年間の航海を終え、すべての部品を取り換えてしまった今、この船を「ワールド・トラベラー」と呼ぶことはできるのか。それともこの船は、まったく別の船になり変わってしまったのか。

こうした疑問を抱くのは私が初めてではない。古代ギリシャの哲学者プルタルコスが、ギリシャ神話の英雄でアテナイの王であるテセウスの10の物語を題材に、この問題について論じている。テセウスは旅の途中でミノタウロスなどの怪獣を退治したが、彼を有名にしたのはその英雄的な活躍ではなく、彼が乗っていた帆船だ。テセウスがクレタ島から帰還したとき、アテナイの人々は彼の活躍に敬意を表して帆船を港に保存した。その後、船に傷みが生じるごとに、朽ちた部分を新しい部品と交換した。数世紀後、船を構成する木材や部品は完全に新しいものに取り換えられてしまっていた。

このテセウスの船は古代の哲学者たちにとって、結論の出ない議論の「錨《いかり》」だった。彼らはワインを飲みながら、夜遅くまで船の変化について論議を戦わせたかもしれない。たとえ船のパーツが総取り換えされようとも「同じ船」だと主張する者もいただろうし、「それは違う」と反対した者もいただろう。もし真摯《しんし》に答えを求めるのならば、1歩下がって考えてみてほしい。船を船たらしめているものは何か？　さらに言うのなら、私たちが他の誰かになるには、どれだけの部分を変える必要があるだろうか。

40年を経た恋

「今のあなたは、8歳のころと同じあなたですか？」

私がこんな質問をしたら、皆さんはどう思うだろうか。「もちろん。何年経っても私は私だ」という読者もいるだろう。

多くの人は「年をとっても自分は自分」と信じている。表面的な特徴は変わっても「核」の部分は変わらない。小学2年生のときに友人と取っ組み合いのけんかをして前歯を折った子どもは自分であり、今も本質的には同じだと思っている。

イェジー・ビエレスキとサイラ・サイブルスカは1943年、アウシュビッツ強制収容所で出会って恋に落ちた。収容所内にある制服の保管倉庫で働いていたイェジーは、友人と協力してナチス親衛隊の偽の制服をつくり、さらには書類を偽造して、収容者を近くの農園に連れて行く権限を得た。1年後のある夏の日、イェジーとサイラは居眠りをしている看守の脇をすり抜け、収容所を脱走する。夜通しで10日間歩き続け、イェジーのおじの家にたどり着いた。

それからは、人々を救いたいという思いに駆られて、イェジーは、ポーランドの地下組織に参加。その後、いくつかの行き違いが災いし、2人は互いが死んだものと思い込むようになった。

それから40年が経とうとしていた。ニューヨークのブルックリンに住むサイラは、自分を救ってくれながら死んでしまった男性の悲しい思い出を家政婦に話した。すると家政婦はその男性を知っていると言う。ポーランドのテレビ番組で、ある男性がまったく同じ話をしていたのを観たばかりだというのだ。同一人物ではないかと言われ、サイラは「死んでいなかったのかもしれない」と考える。

1週間後。ポーランドはクラクフの空港に降り立ったサイラは、39本のバラを抱えたイェジーに迎えられた。バラには2人が離れ離れだった39年の思いが込められている。互いに連れ合いを失くしていた2人は、2005年にサイラが亡くなるまで、15回ほど逢瀬を重ねた。2010年、イェジーは亡くなる前の最後のインタビューで、今でもサイラを愛していると語っている。

18歳という若さで出会い、ともに過ごした時間もほんのわずかだった2人が、62年経っても変わらず互いを愛していた事実は、自己の連続性を裏づける大きな証明になる。別離から数十年が過ぎ、しかも心の傷を抱えていた2人は、互いを認識できないほどに変わり果てていたかもしれない。見知らぬ他人同士が話をするような、気まずい再会だった可能性も否定できない。

私たちがイェジーとサイラのような物語に注目し、祝福したくなるのは、長い年月をともに過ごすパートナーに永続性を求めるからだ。人は結婚するとき、つき合い始めたころの新鮮さを忘れずにいようと暗黙の約束を交わす（もちろん、ともに成長することも想定のうちだろうが、アイデンティティ［特性］は変わってほしくないと思っているだろうし、そんな相手とは結婚しないはずだ）。

時間が経っても変わらないものは何か。そして変わるものは何か。

性格心理学者でイリノイ大学のブレント・ロバーツ教授は、自身の成人期の大半をこの研究に費やしてきた。近年では50年間における性格の連続性と変化について研究を行い、ヒューストン大学のロディカ・ダミアン准教授らと共同で論文を発表した。2人の研究は1960年の「プロジェクト・タレント」が基盤となっている。

心理学者のジョン・C・フラナガンが考案したテストで、アメリカの高校生約50万人（全米の約5％にあたる）が2日半かけてさまざまな検査や試験を受けた。フラナガンは多くの若者が自分らしく働ける職業に就いていないと考え、高校生の能力と目標を評価し、彼らがより理想的な職業に就けるよう、このテストを企画した。

両教授は50年後の2010年、この被験者を対象に追跡調査を行った。50年前と似た地理的条件から同数の男女を選び、そこからさらに5000人を慎重に抽出した。1960年と2010年、2つの調査の回答を比較し、当時16歳だったティーンエイジャーがどんな66歳の大人に成長したか分析した。特に2人が注目したのは、核となる特性は50年という年月を経ても変わらないのか、ということだった。

その疑問に対する最良の答えは「質問の仕方によって異なる」ということになる。

たとえば学生時代、あなたがクラスで一番の内気な生徒だったのなら、大人になっても友人と比べて内気である可能性が高い。ロバーツ教授は次のように説明する。

「10代のころに社交的だった人は大人になっても社交的なのか。『社交的』に賭ければ60％の確率で勝つはずだ。サイコロを振るより確率は高いが、確実に勝つわけではない」

経験は人を大きく変える。ティーンエイジャーの性格のまま大人になる保証はない。2人が論文を発表したきっかけの1つが、1990年代、戦乱のルーマニアで過ごしたダミアン准教授の経験だった。逆境の中でもたくましく生き、人間的に成長した人がいる一方で、ひたすら悩み苦しむだけの人もいた。その対照的な姿に興味を持ったのだという。

つまり、他人と比較すれば変わってないように見えるが、重要な特性を成長させることはできる。たとえば、ほとんどの人は年齢を重ねるにつれて誠実さを増したり、情緒が安定したりする。変化の程度は千差万別で、大きく変わる人もいればそうでない人もいる。「プロジェクト・タレント」の追跡調査でも、40％の被験者が特性のどれかにある程度の変化があったが、60％の被験者はほとんど変化がなかった。

変化があるといっても、10代が60代になるまでの間に、別の人間になるわけではない。人の性格は5つの因子——開放性、誠実性、協調性、外向性、情緒不安定性——に分類される。

そして大半の人々が10年の間で、このうちの1つの要素にかぎって顕著な成長をみせる。10年間でたった1つの特性にしか変化が生じないなんて!

しかも残りの4つの要素はほとんど変わらないのだ。連続性が勝利するパターンでもあるのか。ロバーツ教授いわく「10年で性格が完全に変わる人などいるわけがない」とのことだった。

年齢を重ねても同じかどうかは、簡単には答えられないということだ。ある意味同じであり、ある意味違うともいえる。先ほどのヨットの話で言えば、帆や塗装を変えても甲板はそのまま、あるいは甲板を取り換えてもマストは同じ、ということかもしれない。**まったく新しいヨットではないが、同じ船でないことも確かだ。**

未来の自分に関わる避けられない変化を考えていると、ある現実的な疑問が浮かぶ。私たちが変化し、しかも予期せぬ形に変化するというのであれば、その変化がどのように自己連続性の認識に影響を与えるのか。

自己連続性の認識がなぜ重要かというと、それが私たちの行動に大きな影響を与えるからだ。たとえ色を塗り替えても「ワールド・トラベラー」が自分の船だと思えたら、大切に扱うだろう。必要に応じてパーツを交換し、性能アップのために投資だってするかもしれない。

だが他人の船のように感じられたら、ともに時間を過ごした歴史が感じられなくなったら——愛着が薄れて、家族旅行で乗り捨てるレンタカー並みの扱いしかしなくなるだろう。

この理屈は、私たち自身にも当てはまる。**現在の自分と未来の自分に強力なつながりを感じるなら、たとえ現在の自分が過去の自分ではなく、未来の自分と異なったとしても、自身を向上させようと努力する可能性が高くなる**のだ。

仮説1 「身体がすべて」説

高校の同窓会に出席したあなたを、他の友人と間違える人はいないはずだ。友人も、SNSを通じてなんとなく知っている人たちも、あなたを見れば18歳だったころの若々しい姿を思い出す。確かに顔は老けたし髪型も変わったが、体は同じ。友だちとともに過ごした体を今でも所有している。一部の哲学者が主張しているように、アイデンティティに関していえば、体は時間を超えて同一のものである。

とはいえ、皮膚の細胞はターンオーバーし、赤血球は生まれ変わり、たいていの場合、背は低くなる（背が高くなる場合もある。私の義父は椎間板変性症の手術で背が1インチ伸びたと、ことあるごとに自慢している）。

これらは年齢を重ねることで現れる変化の一部に過ぎない。しかし、変化がくり返されれば、あなたであなくなるのだろうか。

この問題を解き明かすため、少々バカげた話を用意した。

あなたはマッドサイエンティストと友人になったのだが、彼がある提案をしてきた。頭の中に詰まっているもの——つまり思考や感情、記憶——をすべて取り出して、他の人の頭に移し替えてあげるというのだ。複雑で手間のかかるオペで2つの体をつくる。1つは、体は自分のものだが脳の中身は他人、もう1つは、体は他人だが思考や感情は自分のもの。

マッドサイエンティストは2つの体のどちらかに100万ドルの値をつけて売るという。もう一方の体は、と尋ねると、なんと拷問にかけるという。

手術を受ける前に、どちらの体を拷問にかけ、どちらの体を売るか決めなければならない。体を売れば子どもの大学の学費が手に入る。さあ、どちらを選ぶか。

おそらくあなたは、思考や感情のあるほうの体を売り、かつて思考や感情が存在した体を拷問にかける――と答えるのではないだろうか。もしそうだとしたら、体はアイデンティティの決め手にはならないということだ。


しかし、もう1つ、話を用意したので聞いてほしい。

脳に腫瘍ができ、脳を移植しなければ死に至るという診断を受けた。移植すれば生き続けることはできるが、記憶や好み、計画などの本質的な精神生活はすべて破壊されてしまう。あなたは脳移植を受けるだろうか。手術を受けなければ間違いなく死ぬが、たとえ手術を受けても死ぬ可能性はある。

一部の人々が提唱する「身体説」は、自分を「自分」たらしめるのは身体だと説く。しかし、こうした思考実験を通してみると、何が自分たらしめているのか、一概には言い切れなくなる。

仮説2 「すべては記憶から」説

17世紀の英国の哲学者ジョン・ロックは、身体説に納得していなかった。彼にとって、時を経ても変わらないものは「意識」だった。彼の視点では、大切なのは記憶力ということになる。35歳の人は、35歳の「自分」と15歳の「自分」を内包している。2人の「自分」が連続性を保っているのは、現在のあなたが昔の思考や行動を覚えているからだ。これは記憶の連鎖となって広がっていく。35歳のあなたは15歳のときの思考や感情を覚えていて、15歳のあなたは12歳の自分を記憶している。

つまりアイデンティティが継続するのは、人がさまざまな時点の記憶を持っていて、それらの記憶がそれ以前の記憶と結びついているから——というのがロックの解釈だ。たとえば小学2年生の最初の日を覚えているのならば、「そのころの自分」を覚えていることになる。今の自分が当時の自分自身と記憶を共有しているのならば、年月を超越した永続的なアイデンティティが保持されているというのだ。

身体説と同様、彼の「記憶説」にも問題はある。昨日食べた朝食を忘れてしまったら、昨日の私は自分ではないのか。そもそも自分の人生の始まりを記憶している人はいない。赤ちゃんのころの記憶がなければ、その私は別人なのか。人生の最初の記憶より以前の自分は、自分ではないのか？

仮説3 もしかしたら、答えは別にあるのかもしれない

こんな古いジョークがある。ある大学の学部長が、物理学科の研究費が膨らんで困ると嘆いた。「数学科はいい。必要なのは紙と鉛筆とゴミ箱だけだ。もっといいのは哲学科だ。紙と鉛筆だけですむのだから」

ジョークを解説すると途端におもしろくなくなるのは百も承知だが、つまり数学者は1つの結論を導き出すのに膨大な計算を重ねるため、ゴミ箱が紙でいっぱいになるが、哲学者は理論を組み立てても検証しないからゴミ箱はいらない、という意味だ。

経時的なアイデンティティを考える上で、人が同じである要因や変化する要因について、哲学者が理論を構築するのは大いに結構だと思う。しかしそうした理論は、一般の

人々が日々の生活の中で感じる思いと一致しているのだろうか？

一般の人々は経時的なアイデンティティについて、何に重きを置いているのだろうか。

2000年代初めにこの疑問に取り組んでいたのが、アメリカ・ノースウェスタン大学で心理学を学んでいた大学院生、セルゲイ・ブロークだった。彼は被験者にジムという仮定の会計士を想定させ、こんな思考実験をした。

ジムが大きな交通事故に巻き込まれた。彼が生き残る唯一の手段は――またしても――脳移植だ。今回の手術は、脳を慎重に取り出してロボットに装着するという奇想天外な医療実験である。

幸い移植は成功する。科学者たちがロボットの電源を入れ、移植した脳をスキャンすると、ジムの記憶は無傷であることがわかった。少なくとも、被験者の半数はそう説明された。もう半分の被験者は、移植は成功したものの、手術前の記憶はすべて失われたという説明を受けた。

たとえ記憶が失われても、そのロボットを「今でも」ジムと思えるのなら、身体説が有利になる。しかしジムがジムであるために記憶が必要だと思うのなら、記憶説に点数が入る。少人数の実験だったが、結果は明らかだった。記憶が失われていないロボットをジムと見なした被験者は、そうでない被験者の3倍以上にのぼったのだ。

人格の連続性における要因を解き明かす上で、一般人や哲学者の視点や理論を学ぶことには価値がある。しかしこれまで紹介した思考実験は、私たちの人生に起こり得ない想像上のシナリオだ。たとえ話を材料にして、経時的なアイデンティティを判断するのは難しい。

思考実験に頼らずに、理論を検証するにはどうすればいいのだろうか。

アメリカ・ペンシルベニア大学ウォートン校のニーナ・ストローミンガー助教は、過去と現在、未来の自分を結びつけるものは何かを知るために、従来とは異なる手段を選んだ。彼女は思考実験もそれなりに行ってきたが、それだけを根拠に結論を出すつもりはなかったという。そこで教授は介護施設に目を向けた。

ストローミンガー助教は神経変性疾患を持つ患者の介護士に協力を仰いだ。神経変性疾患とは脳の神経細胞が根本的に脱落してしまう病気だ。先に紹介した思考実験の登場人物のように、発症すると認知機能や運動能力などの低下がみられる。

教授が注目したのは3種類の患者グループだ。

体は元気だが認知能力が衰えるアルツハイマー型認知症のグループ、心は元気だが運動能力が低下する筋萎縮性側索硬化症（ＡＬＳ）のグループ、そして運動能力や記憶の大半は保たれているが、道徳的な障害が発生する前頭側頭型認知症（ＦＴＤ）のグループ。ＦＴＤの患者の多くは、症状が進むと他人に共感できなくなったり、誠実さに欠けたり、社会性が欠如した行動を取るようになる。

介護士には「あなたは患者がどんな人柄なのか今でも理解できているか？」「患者を他人のように感じるか？」などの調査項目に回答してもらった。

その結果、介護士から見た患者の中でもっともアイデンティティの崩壊が少ないのは、主に心ではなく体に影響を及ぼすＡＬＳの患者だった。アルツハイマー型認知症がそれに続き、前頭側頭型認知症はアイデンティティの崩壊が著しいという認識だった。

人生を歩む中で自分を自分たらしめるものは何かという議論は、「心」と「体」の二択に集約されることが多い。しかしＦＴＤの患者が昔の自分とはかけ離れてしまった事実を鑑みると、心と体以外にも議論すべきことはあると思える。それはいったい何なのだろうか。

ストローミンガー助教と共著者のコーネル大学のショーン・ニコルズ教授は、**自分らしい自分と、そうでない自分の境界線は「道徳的な特性」**だという結論に達した。親切かいじわるか、共感的か無慈悲か、礼儀正しいか無愛想か——若き日の自分と老いた自分を結びつけ、切り離すのはこうした特性だ。

こうした道徳的特性が根本的に変化すると、人間関係も変化することを、ストローミンガーらは発見した。彼女はわかりやすい例を挙げて説明してくれた。芸術家の友人にこんな質問をしたという。「パートナーから、もはや以前のあなたではないと言われたとする。それはあなたの性格のどの部分が変わったからだと思う？」

すると友人は「私が絵を描けなくなったときで、そうなったら、パートナーは私のもとを去ると思う。自分が結婚した人ではない、もう愛していないと言うだろう」と答えた。

そこでストローミンガーは、別の角度から同じ質問をした。「パートナーの性格が変わってしまい、自分が結婚した人ではないと思うようになる。それはどんなとき？　もう愛していないと告げるのは、相手がどう変わったとき？」

この質問に対して友人は即座にこう答えた。「うーん。性格が最悪って感じたときかな」

これは興味深い。友人にとっては芸術こそがアイデンティティの核であり、それを失ってしまったら、パートナーは自分を同じ人間だと見なさないと考えた。

しかし、質問を変えてみるとまったく異なる答えが得られた。大切なのは「優しさ」だというのだ。教授にとってこの答えは道理にかなったものだった。**優しさとは、同教授らが「本質的な道徳的特性」と呼ぶもの**だからだ。

この話は、ある種の道徳的特性が変化すると、アイデンティティの安定感が損なわれるだけでなく、人間関係に影響を与えることを如実に示した例である。友人も恋人も変わることはあるが、その特性のすべてが変われば、自己連続性の感覚に重大な問題が生じるのだ。

私は「本質的な道徳的自己」の研究が、その答えを導き出す最良の道筋だと信じている。他の特性が変化しても、核となる道徳的な特性が維持されていれば、その人に一筋の連続性を感じ取ることができる。時間が経過しても「あの人は昔と変わらない」あるいは「変わってしまった」と認識する決め手はそこにある。

しかし、視線を自分自身に向けたらどうだろう。他者の連続性や、非連続性については認識できる。ペドロが冷酷な殺人鬼から非暴力の伝道師へと変貌を遂げたことも理解できる。しかし未来の自分が今の自分と同じか、あるいはまったく違う自分なのか、想像することなどできるだろうか？　その想像は今日の決断にどんな影響を与えるのだろうか。

その答えは、ダイエットや銀行の残高、その他さまざまな事象に大きな影響を与えるかもしれないのだ。

未来を描く 1 のまとめ

■性格は時間の経過とともに変化するのか？——変わる部分もあれば変わらない部分もある。

■未来の自分が現在の自分と異なるならば、長期的な決断（誰と結婚するかも含め）は難しくなる。

■人は時間が経っても道徳的な特性が保たれていれば、現在と未来の自分には類似点があると思えるようになる。

2

「未来の自分」を味方につける

アイスランドの都市ケプラビークの近くに「ブルー・ラグーン」という温泉施設がある。深い紺碧の色をたたえた温泉水は驚くほど熱く、皮膚病に効くことでも知られている。(ミネラル豊富なお湯と白い粘着質の土は肌を優しく包み、心も温めてくれる。研究によると乾癬の治療やしわの改善に効果があるそうだ)。

アイスランドの土壌が育んだ新たな自然の驚異かと思いきや、隣接する地熱発電所の排水を再利用しているのだという。

かねてからアイスランドと、この温泉施設を訪ねてみたいと思っていた私は、そこで学会があると聞き、喜びいさんで参加した。

学会はシドニー大学の主催で、人が考える時間の概念について講演を行うという。

会場の後方に腰掛けて、大きな窓の外を眺めると、体にバスタオルを巻きつけた観光客が露天風呂へと向かうのが見える。

この旅に同行した妻も今ごろは温泉にいるか、近くの氷河で写真を撮っているはずだ。

いよいよイェール大学のローリー・ポール教授が壇上に現れた。

しかし、私はぼんやり呆けていた。こんな殺風景な会場から飛び出して、温泉につかりたいと考えていたのだ。

吸血鬼の思考実験

「一生のうちで吸血鬼になるチャンスがあったとしましょう」

ポール教授の講演が始まった。「吸血鬼といっても、現代の吸血鬼は昔とは少し事情が違います。人間の血ではなくて、家畜動物の血を吸うのです」

吸血鬼と聞いて私は興味をそそられた。そこで観光客やブルー・ラグーンは忘れることにして、吸血鬼になった自分を想像し始めた。

「吸血鬼は不老不死だし、強くて動きも敏捷《びんしょう》なので、吸血鬼になれると聞けば多くの人々が興味を持ちます。でもあなたは決めかねている――本当に不老不死になりたいのか、血を飲めるだろうか――と。そこで吸血鬼の友人に相談することにしました。

友人たちは吸血鬼としての人生を謳歌《おうか》していました。誰もが、吸血鬼は最高だ、君もきっと気に入るよ、と言います。あなたはその気になって、黒いマントに身を包んで1日過ごしてみます。外国の食べ物やこれまで味わったことのないものを食べてみたり、夜更かししてみたり。どうやらこの生活、性に合っているらしいとあなたは考えます。さらに友人に尋ねてみると『ためしに吸血鬼になってみたら？』と勧められます。しかし、ここであなたは『待てよ』と思うのです。

吸血鬼になってしまったら、人間には戻れない。新しい人生に足を踏み入れたものの、私には合わないから元に戻りたい、というわけにはいかない。吸血鬼は永遠に吸血鬼なのですから」

もう元の道には引き返せない

話はこの数日前に戻る。

私は自宅のバスルームで妻と一緒に出勤前の身支度をしていた。今日の勤務が終われば、アイスランド旅行が待っている。

すると妻が私の肩を指でちょんちょんと叩いた。振り返ると彼女は「ほらね」と言いたげな笑みを浮かべ、妊娠検査薬のスティックを差し出した。濃いピンクの線が2本浮かんでいる。

こりゃすごい。僕たち、ついに親になるんだ。もちろんうれしいに決まっている。ずっとこの日を待っていたのだから。私は突如、将来、子どもとどんなふうに過ごそうかという空想を描きはじめた。

そして数日後。ここアイスランドで吸血鬼の話を聞いているうちに、私の喜びや期待は不安に変わった。父親と吸血鬼、どちらもそう変わらないのではないかという思いがよぎったのだ。子どもができたら生活が一変する。それは十分わかっている。子どもを持つ知人もいるし、子どもという生き物についても理解しているつもりだ。

でも自分は親としての人生に思いを巡らせたことはあっただろうか。親になっても好きなこと、やりたいことを続けられるだろうか。ガマン強くなること、人生を楽しむこと、いい夫でいること、ぐっすり眠ること……すべて両立できるだろうか？

会場がどことなく不安な空気に包まれる中、ポール教授は吸血鬼の話を止めた。そして「吸血鬼になることは親になることと、そう変わりはありません。一度吸血鬼になると決めたら引き返すことはできない。親も同じです」と言うではないか。

親を引き合いに出すことで、教授の話は説得力を帯びた。

「私たちは未来の自分を知ることはできません。頭の中で必死にタイムトラベルを試みても、遠い未来の自分が何を感じ、何を考えているのか知ることは不可能でしょう。吸血鬼であれ親であれ、新しいバージョンの自分、つまり未来の自身の考えや感情は、今の自分には想像もつかない形に変化しているかもしれない。くり返しますが、私たちは日々の生活がどう変化していくかもわからない。未来だったらなおさらです。物事の感じ方や考え方が、大きく変わるかもしれないからです」

どうやら**私たちの未来は「実存的な不確実性」という感覚によって決定されているらしい**。未来の自分は、ある程度は「赤の他人」ということだ。

だからといってガッカリするのは早計である。

1章で私が述べた話を思い出してほしい。たとえ時間が経過しても、その人の核である道徳的特性が失われていないかぎり、過去や現在、未来との間に「連続性の糸」を見出すことができると言った。

そうは言っても、未来の自分についてどう考えればいいのか、疑問が消えたわけではない。何より重要なのは、未来の自分を今の自身の延長と考えるか、それともまったく別の人間ととらえるか、である。

おわかりのとおり、それによって人生の選択は変わってくる。**未来の自分について理解を深めることが、今後の人生を左右することは間違いない**のだ。

ある哲学者の主張

自分が他人にとってどういう存在なのか、考え始める年齢は驚くほど早い。人は6歳から9歳にかけて、家族や友人との関係を通じて自分自身を定義するようになる。私たちは息子であり娘であり、兄や弟であり、姉や妹であり、両親であり、夫であり、妻である。そうやって人は自分の存在を定義し、安心感を得る。周囲との関係が末永く続くと想定し、自己と周囲を関連づける。そうすることで自分の存在に安定性を見出そうとする。

1章のテセウスの船の話でも述べたとおり、時間が経っても物や人は「同じ」なのか「違う」のか、判断するのは難しい。それは自分自身に対しても言えることだ。他人のことはともかく、自分については理解しているという自負があるせいか、ゆがんだ見方をしてしまうことだってある。

たとえば、ここにあなたが若いころに購入したスーツケースがあるとする。旅に出るときはいつも一緒で、洋服やお土産など、いろんなものを詰め込んできた。空港のターンテーブルや座席の上の棚から乱暴に引っ張りだしたこともあれば、化粧水をこぼしてしまったこともある。気がつくとスーツケースは擦《す》り切れ、汚れている。でもあなたは、これは私のスーツケースだと言うだろう。実はこのスーツケースこそ私たちだ。変化をくり返し、体も大きくなり、しみができたかもしれないが、周囲との安定した関係を保つことで、時を経ても同一の存在であり続ける。

そんなことはわかりきっている、私はいつまでたっても私だ。いったい他の誰になるっていうんだ？　という人もいるだろう。とはいえ、単独かつ一貫した自己という概念に異を唱えた人がいたのも事実だ。

18世紀のスコットランドの哲学者、デイヴィッド・ヒュームもその1人で、自己の一貫性を真っ向から否定した。自身が著した大胆なタイトルの本『人間本性論』の中で、「自己などというものは存在しない」と主張している。彼に言わせれば、擦り切れたスーツケースはもはや別物だということだ。

なぜヒュームは、自己は存在しないと言ったのだろう？　彼によれば、同一性とはある任意の時点から次の時点まで、同じ一連の特性を有するべきものだという。しかし人は明らかにそうはならない。なぜなら常に意見や好みを変えていくからだ。ヒュームは経時的に「安定した自己」という考え方は捨てたほうがいいとも言っている。

ヒュームと同じ英国の哲学者デレク・パーフィットも、この議論に重きを置いていた。2017年に亡くなった彼は、風変わりで異彩を放つ思想家だった。執筆や研究と無関係な事柄に時間を費やしたくないから、毎日同じ洋服――白いボタンダウンのシャツに黒いパンツ――を身につけていた。成人後の朝食はソーセージ、ヨーグルト、ピーマン、バナナと決めていて、しかもこれらをボウルで混ぜ合わせて食べていた（健康を配慮していた彼はこれを理想的な健康食だと考えていたが、友人の栄養士からそうでもないと聞くと翌日から二度と食べなかったという）。

「あなたをコピーして火星に転送します」

ヒュームと同様に、パーフィットも同一性の問題に取りつかれていた。一貫した自己における矛盾を考察するため、彼は独自の思考実験を編み出した。時間の経過とともに私たちを変化させるもの、させないものは何なのか、ヒントを探ろうとしたのだ。

当時の彼の講義を映像で見ると、まるでカルトの指導者が『スター・トレック』の宇宙船で教義を説いているように見える。ひょろりとした体にやせこけた顔、印象的なメガネ、そして乱れた髪型。現代の哲学者をデフォルメした風刺画とも思える。

「転送装置を思い浮かべていただきたい」とパーフィットがみずからの思考実験について説明を始める。

「あなたの体や心、皮膚、記憶をすべてコピーして火星に転送することになりました。さて、この装置は最新版なのに、あなたの体をスキャンしている最中にエラーが起こり、あなたは地球に取り残されてしまいました。しかしあなたのコピーは無事火星に送られ、そこで生活しているのです。つまりあなたは2人いる。どちらが〝本当〟のあなたなのか？」

火星に送られたコピーの体という概念は、未来の自分にも当てはまるのではないかとパーフィットは指摘する。私たちは安定した単一の自己ではなく、別々の自己の集合体かもしれないというのだ。

パーフィットの説を理解するためにもう1つ、たとえ話を紹介したい。

先ほど言及した「単一の自己」を1人の起業家に、「自己の集合体」を小さなスタートアップ（新興企業）になぞらえてほしい。起業家は何人分もの仕事を1人でこなすが、労働力としては1人分に過ぎない。たとえ興味や好み、信念や人間関係が変化しても、生涯を通じて一介の人間に過ぎない。

一方、スタートアップは「個々の自分」の集合体のようなものだ。社内には複数の社員が働いていて、異なる業務を担っている。1人ひとりがさまざまな顔を持ち、興味や好み、信念、能力も人によって違う。同じ会社で働いているからこそ、互いの個性を認めあうことが大切になってくる。

「自己の集合体」と聞くと違和感を覚える人がいるかもしれない。実際、授業中にこの話をすると「実存的危機」を抱く学生もいる。複数の自分が存在するのなら、本当の自分とは何なのか？　昔の自分が今と別者だというのなら、彼らが起こした行動についてどう責任を取ればいいのか？　そもそも私が結婚した相手は、今の結婚相手とは別人なのだろうか？

パーフィットが重視したのは、1つの自己が他の自己と共有するつながりの感覚だ。創業時はわずか数人の社員で立ち上げたスタートアップも、成長とともに新たな社員を迎え規模を拡大していく。その一方で辞めていく社員もいるだろう。

たとえ会社を去る社員がいても、数週間から数カ月間かけて新人社員に研修を行うことで、彼らは重要な情報や文化を後輩に遺《のこ》すことができる。そうした情報はさらに後輩へと引き継がれていく。たとえ入社したばかりの社員でも、脈々と受け継がれてきた情報を介して、会社設立時の社員とつながりを持つことができる。しかし新入社員が短期間で辞めてしまったり、先輩社員が後輩社員に引き継ぎを行うチャンスがなかったりすると、情報は伝達されない。その結果、若い社員は大先輩とのつながりを感じられなくなることもある。まるで見知らぬ存在と感じるだろう。

私たちも同じだ。時間の経過の中で、古い自己は新しい自己へと受け継がれていく。一連の自己は、過去や未来の自己と多くの共通点を持つ。しかし自己と自己の間に距離があると——つまりあまりにも時間が経ちすぎると——つながりは失われ始める。おびただしい距離と時間で隔てられた過去や未来の自分を、見知らぬ人のように感じるときがやってくる。まったく別の人間のように思える場合だってある。

「未来の自分は他人」それの何が問題なのか?

「だから何？　未来の自分が他人のように思えるからって、何が問題なの？」と言いたい人もいるだろう。

これは重要な問題だ。理由はとても単純で、人は他人にはそれなりの接し方しかしないからだ。

たとえばあまり交流のない同僚がいたとする。知っているのは名前や所属部署ぐらいで、その人がどんな人生を送っているのかはわからない。そんな同僚に「今週末、ちょっと手を貸してくれないか」と言われたらどうだろう。「新しいアパートに引っ越しするので、家具を運ぶのを手伝ってほしい」と頼まれたら、あなたはどうするか。

おそらく断るのではないだろうか。他にもやることがたくさんあるし、なにしろ彼のことをあまり知らないのだから、助ける筋合いもない――。いくら親切でいようったって誰彼かまわず助けるわけではないし、まずは自分や友人や家族を優先させるのが普通だ。時には面識のない人を助けることもあるだろうが、まずは自分や周囲の人が先だろう。

人がどれだけ自分の利益を優先するかについては、新型コロナのワクチン接種状況を見れば一目瞭然だ。ワクチン接種開始後の約1年間、接種者の多くは抵抗力が弱いとされる高齢者だった（65歳以上の89％が２０２１年末までに接種をすませている）。重症化するリスクが高い高齢者にとって、ワクチン接種はみずからを感染から守る最善の防衛策だった。

一方、25歳から45歳の成人で21年末に接種をすませていたのはわずか3分の2だ。

確かに高齢者に比べると若者は重症化リスクが少ない。それでもワクチン接種にはみずからの感染のみならず、他者を感染から守り、感染拡大を防止するという公共の利益があった。しかし自分のためなら行動するが、利益を受けるのがまったくの他人なら、面倒だからやめておこう、となる可能性は高い。もちろんそんな人ばかりではないが、わざわざ接種する必要はない、と考える若者が多かったのだ。

これで合点がいく。**未来の自分を他人だと感じ、なおかつ利己的に行動する傾向があるのなら、未来の自分の利益などおもんぱかれるはずもない。**見知らぬ人のために行動するなんて、と思うだろう。

「ウエストまわりが気になるけど、チョコレートケーキをもうひと切れ食べよう。ちょっとお腹が出ちゃっても、それは〝私のお腹〟じゃなくて、〝未来の自分〟のお腹だし」

「浮いたお金を4Kテレビにつぎ込むか、それとも年金貯金に回そうか。やっぱりテレビを買おう。定年後の自分なんて想像がつかないよ」

「ジムに行くか、それともネットフリックスの新作ドラマを観るか。もちろんネットフリックスだ。将来のために汗をかくなんて面倒くさいし」

前述のデレク・パーフィットは未来の自分を他者と考える概念を、たばこを吸う思春期の少年に例えている。喫煙が未来の自分に悪影響を与える危険性は認識しているが、ほとんど気にしていない。「彼は現在の自分と未来の自分を同一視していない」とパーフィットは記している。「少年の態度は、いわば、他者への態度である」

私たちはなぜ時に未来の自分を他人扱いするのか、どうすれば未来の自分に優しくなれるのか。もしかしたら、思考や脳を研究することで理解につながるかもしれない。

プリンストン大学の「まずい液体」実験

今日があなたの誕生日だとする。どんな情景が浮かぶだろう。

次に、遠い未来の誕生日——今から20年後ぐらい——を想像してみてほしい。思い浮かぶのは何か。

どちらの日も、誕生日ならではの光景が浮かんだだろう。ケーキや飲み物、そして友人など。

でも、何かが違う、と思わなかっただろうか。

プリンストン大学心理学部のエミリー・プロニン教授が、こうした質問を材料に実験を行っている。

被験者である同大学の学生を2つのグループに分け、自分が摂る食事について説明させた。まず1つ目のグループに食事をさせ、自分が何を食べているか紙に書かせた（実験は大学の学食で行った）。すると、学生は主に一人称の視点で説明をした。つまりテーブルに並ぶものを自身の目で見たまま描写した。

2つ目のグループには、遠い未来に摂る食事について説明させた（自分が40歳以上になったつもりで食事をしてほしいと依頼した）。

その結果、1つ目のグループとは大きな違いが生じた。40歳以降の自分自身を第三者の視点で説明したのだ。まるで目撃者の証言のように、自分自身を語ったのだ。しかも主語は「私」ではなく「彼」「彼女」だった。

心の目で見た未来の自分は、まるで他人のように見えることがわかった。

それでは人は実際に未来の自分を他人として扱うのか。プロニン教授はさらなる実験を行った。嫌悪感に関する調査と称して「まずい液体」（ケチャップ、しょうゆ、水を混ぜたもの）を飲んでもらうと被験者に告げた。「科学への貢献」だからと説得して。

この実験では被験者を3つのグループに分けた。

共感力が低下すると起こること

1つ目のグループには調査の最後に液体を飲んでもらうと告げ、どの程度の量なら飲めるか尋ねた。

2つ目のグループにも量を尋ねたが、「管理上の理由から、次の学期が始まるころに飲んでもらう」と説明した（そのときになって拒んだ者には単位は与えないとクギを刺した）。

そして3つ目のグループには、もし自分の液体を他の被験者に飲ませるとしたら、どれくらいの量を分けるか尋ねた。

その結果、学生が「今飲んでもいい」量は平均大さじ3杯だった（正直言ってそんなに飲むのかと驚いた。プリンストン大学の学生は「科学のため」と言われると、がぜん張り切るタイプなのかもしれない）。

他の被験者に飲ませる量は平均2分の1カップ（大さじ8杯程度）だった。それでは未来の自分、つまり次の学期が始まるころの自分が飲む量はどうだったか。平均2分の1カップで、他の被験者への割り当て分と同じ量だった。つまり私たちは多くの点で未来の自分を他人と感じるだけでなく、実際に他人として扱っていることが判明したのだ。

ＭＲＩで脳の活動部位を視覚化するｆＭＲＩ（機能的磁気共鳴画像法）の研究が始まったころ、心理学者にとって最大の関心事は、脳は何が「私」で何が「私でない」のか、簡単に識別できるのかということだった。つまり、脳は自己と他者の違いを理解できるのか。

ある研究グループがこんな実験をしている。被験者をＭＲＩに横たわらせる。被験者の頭上には画面があって、「大胆」「おしゃべり」「依存的」といった、人の性格や特徴を表す単語が表示される。そのすぐ上には「自分」か「ブッシュ」どちらかが表示される（「自分以外の人間」として当時の大統領ジョージ・Ｗ・ブッシュ氏が選ばれた）。

単語が自分の性格に当てはまると思ったら片方のボタンを、そう思わなかったらもう片方のブッシュ大統領のボタンを押す、という内容だ。

額のすぐ後ろに内側前頭前皮質という脳の部位がある。クレジットカードくらいの大きさで自己認識に関わる領域だ。実験の結果、この部位が活発な動きを見せたのは、他人について考えたときより、自分自身について考えたときだった。つまり被験者はブッシュ大統領にはたいして興味がなかった――自分のことばかり気にしていたのだ。

この結果は、神経科学者や社会心理学者にとって大きな成果だった。「自己」には何か特別な意味があるということだからだ。

脳が自分と自分でないものを識別でき、未来の自分を他人と考えているなら――脳は未来の自分を他者と認識しているのではないか。

私は恩師であるブライアン・ナットソン教授に掛け合うことにした。私のアイデアにアドバイスが欲しかったし、ＭＲＩの実験に資金を提供してもらえたら、と思ったのだ。心理学と神経科学の権威である同教授は、私が知るかぎり誰よりも知性にあふれ、興味のないプロジェクトは即座に却下する人だ。だから彼が私のアイデアに興奮し、協力したいと言ってくれたときには小躍りした。

実験の手順は単純である。被験者はＭＲＩに横たわり、表示された特徴を見て、現在の自分と未来の自分、そして現在と10年後の他者のどれに当てはまるか判断する。

先ほど紹介した実験では、「自分以外の人間」としてジョージ・Ｗ・ブッシュ大統領を用いていたが、私の実験ではブッシュ大統領の名前は使わないことにした。このころの彼は批判の対象になることが多かったからだ。

それでは誰がいいだろう。大学の学部生に、知り得る中で一番の有名人かつ、もっとも批判されそうもない人物を選んでほしいと頼んだ。彼らが挙げた人物の中でもっとも票が多かったのは――俳優のマット・デイモンとナタリー・ポートマンだった。

これは2007年の話だ。現在なら挙がる名前も違ってくるだろうが、とにかく誰もが知っていて、挑発的でない人名が必要だった。脳内に現れる反応は正当なものでなくてはならないし、強い感情のようなものがわき出てしまったら意味がない。

85ページのグラフは実験の結果だ。自分と他者を見分ける脳の部位の反応を示している。複数の折れ線は血流を表しており、人が何かを考えたり感じたりしたとき、脳がどれだけ活性化しているかわかる（脳が活性化すると血流も多くなる）。

グラフの横軸は検査時間を表す。左端は単語が表示されたときで、中央は単語が表示されてから約4秒後。思考が脳の一部の血流に及ぼす影響がもっとも強く表れる時間帯だ。

このグラフを見れば何が起こっているかわかると思う。未来の自分の破線に注目してほしい。この、未来の自分について考えたときに生じる脳内の反応が、現在の他者、未来の他者について考えたときの反応と非常に似ている。

つまり、くり返しになるが、脳における未来の自分は、現在の自分よりも他人に近い存在なのだ。

指導教官であるナットソン教授に報告したところ、この結果が信頼に足るものか確認するため再度実験を行うよう言われた。そこで私は2カ月間、MRIのそばで眠れぬ日々を過ごし、その結果、同じ結果を得ることができた。

他の研究者による実験でも似た結果が出ている。私が気に入っているのは「経頭蓋《がい》磁気刺激法（TMS）」を用いた実験だ。

TMSとは脳に弱い磁気パルスを送り、対象となる部位の働きを遮断する方法だ。現在では慢性的なうつ病患者の治療に用いられており、気分の調節を行う部位のスイッチを入れたり切ったりすることで、症状の大幅な改善につながっている。

脳には側頭頭頂接合部という小さな部位がある。他者の感情の理解に関連する部分で、人に共感したり相手の立場になって考えたりする機能を持つ。実験でこの部位のスイッチを「オフ」にしたところ、被験者が突如、冷血で反社会的な人間になることはなかったが、共感力を表す数値は低下した。**他人の心を読み取ることが難しくなった**のだ。

そしてここからがこの実験のおもしろいところだ。**側頭頭頂接合部をオフにすると、被験者は他者の心のみならず、未来の自分の心すら想像できなくなった**。脳内の心を旅する領域が遮断されると、お金を貯めるよりも使うことを選択した。

他者に対する共感力が低下すると、未来の自分にも感情移入できなくなり、他人のよう

■「未来の自分」は他人と同じ？■

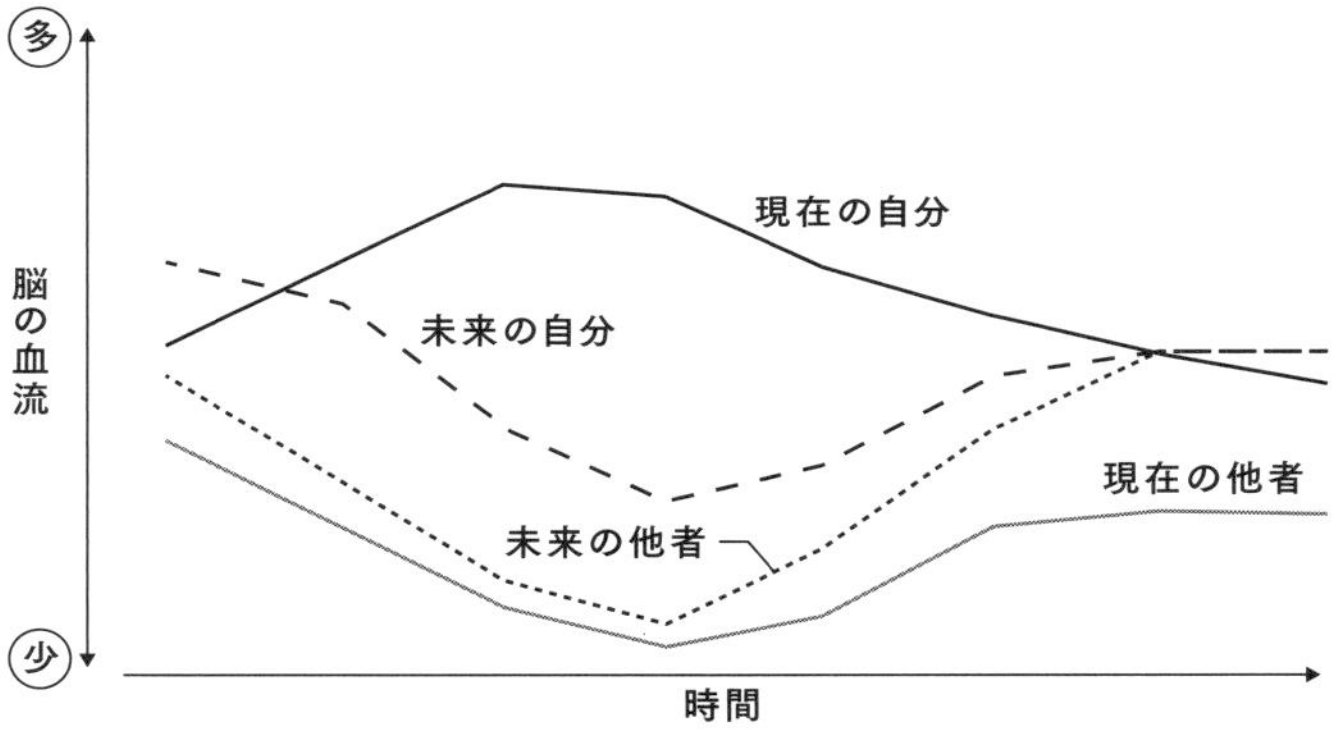

に扱うようになる。定年後に備えて貯金しろと言われても、そんな老後の自分のことなんか知るか——ということだ。

私たちが未来の自分を他人事のように感じてしまうのは、「知覚のクセ」が原因かもしれない。

心理学者のサーシャ・ブリエッツケとメーガン・マイヤーも実証しているとおり、人は現在の自分と、近い未来の自分については、見分けがつく。今日の自分と3カ月後の自分の違いは、はっきりわかる。しかし、3カ月後、6カ月後、9カ月後、12カ月後の未来の自分を比べたら、互いに比較的似ているように見えるのだ。

このように未来の自分が混然一体となる傾向は脳内にも表れている。遠い未来の自分を考えたときと同じニューロンの活動パターンが使われていたのだ。

遠くにある物は目を凝らしても細部までは見えない。同じように、私たちは遠い未来の自分もおぼろげにしか見えないということではないか。

その一方で、現在の自分は、手を伸ばせば届く物のようにはっきり見える。つまり遠くの自分が「自分」に見えない理由の1つは、遠すぎてよく見えないからかもしれない。

いったい自分のためか、他人のためか

要するに、**未来の自分が他人にしか思えないから粗末に扱う**。食生活を改善しないのも、貯金をしないのも、運動をしないのも、遠い未来にいる他人に気を遣う意味が感じられないからだ。

しかし、現在の自分についてはきっちり把握している。空腹で、めんどうくさがり屋で、最新のｉＰｈｏｎｅが欲しくてしかたない。それが今の自分だ。

覚えておいてもらいたいのは、**私たちは基本的に利己的であり、自分の幸福ばかり追求して、他人の幸福には興味がない**ということだ。未来の自分が別人、つまり他人なら、なんとかしてあげようなんて思いもしない。

とはいえ……いつも利己的なわけでもない。

私たちは子どもや親友、年老いた両親、パートナーのために自分を犠牲にしている。同僚のために一肌脱ぐことだってある（仲がいい場合は）。

つまり、私たちは未来の自分を他人のように見ているかもしれないが、問題は、その他人との関係性だ。

次の章では現在と未来の自分との関係性について解説し、その関係性が人生の分岐点でどんな影響をもたらすのかを探っていく。

未来を描く 2 のまとめ

■未来の自分を本当の意味で知ることはできない。なぜなら考えや感情が思いもよらない形に変化しているかもしれないから。
しかしそんな自分に思いを寄せ、計画を立てることは可能である。

■時間の経過とともに、さまざまな形の「私」がつくられていく。そうした「私」は鎖《くさり》のようにつながっていると考えられる。
しかし時間が経つにつれ、そのつながりは弱くなり、はるかかなたの「私」がまるで他人のように思えるかもしれない。

■私たちはさまざまな意味で未来の自分を他人のように見ている。大切なのはその「他人」との関係だ。

3

「時間軸」を考える

1773年、ベンジャミン・フランクリンは友人のジャック・バルブー＝デュブールに宛てた手紙の中で「100年後に生き返ることができたら」とつづった。アメリカ建国の父は、自身が興した国の発展を、なんとしても見たかったからだ。

発明家でもあったフランクリンは、その願いを抽象的なまま終わらせることはなかった。死からの復活を願い、独自の理論を打ち立てた。「私は普通の死を選んで、（できることなら）友人数人とともにマデイラ・ワインの樽に浸かりたい。そして１００年後に、愛する祖国の太陽の日差しの中、よみがえりたい」

未来の自分とつながりたい——それは極端で不可能に近い望みだ。

しかし現在、２００年前にフランクリンが考えていたことを実行に移そうとする人が増えている。甘いワイン樽に友人と詰め込まれるのではなく（それはそれで楽しそうだが）、窒素を詰めた鋼鉄のタンクに遺体を入れ、氷点下まで温度を下げて冷凍保存するという。

アリゾナ――不死を望む人たちの安息の地

1960年代後半、フレッド・チェンバレンとリンダ・マクリントックの2人は、生命維持の概念について書かれた『不死への展望』（The Prospect of Immortality）を読んだ。世間ではほとんど知られていなかったサイエンス小説だ。

2人はその後、南カリフォルニアで開催されたクライオニクス（人体冷凍保存）コミュニティのイベントで出会って恋に落ちると、人体冷凍保存の可能性を追求しようと決める。フレッドの父親が脳卒中で倒れ、衰弱していたことも彼らの背中を押した。

1972年、フレッドとリンダ夫妻はアリゾナ州スコッツデールに非営利団体「アルコー」を設立する。アリゾナは乾燥地帯で、他の地域に比べてハリケーンや竜巻、吹雪、地震といった自然災害の影響を受けづらい。死者として眠りにつく人々にとって、洪水や建物倒壊などの災害によって死後の平穏が脅かされるのは避けたいはずだ。

設立から4年後、フレッドの父は初のアルコー凍結保存患者となった。現在彼が眠る最新鋭の施設には、鈍い光を放つ冷凍室の中、つややかな筒状のタンクがずらりと並び、その中には遺体が格納されている。タンクの数も初期とは比べ物にならないほど増えた。当初は患者1人(フレッドの父)と、5人の登録会員のみ。それが今では、200人近い冷凍保存患者と1400人もの会員を抱える。

とはいえ、冷凍保存のプロセスはほとんど変わらない。法律上の死亡宣告を受けるとチームが現地に向かい、人工呼吸装置によって血液循環と呼吸を人工的に回復させ、遺体を氷水に浸す。遺体が冷たくなったら約10種類の薬を注入する。遺体を民間の航空機で輸送する場合は血液を抜き、臓器保存液を体内に循環させ、スコッツデールに送る(もちろん、慎重に)。施設に到着後「凍結防止剤」が注入される(身体や臓器の損傷を防ぐため)。

その後、5日から7日間かけて、患者の体を摂氏マイナス160度まで冷却する。理論上では数千年間、施設内に保存されることになる(ただし、現在の医学と技術の進歩の状況では、蘇生までの期間は約50~100年程度と推定されている)。

すべては遺体の「復活」を可能にする技術の発展を見込んでの処置だ。蘇生技術が発展すれば肉体を再生する技術も確立するはずと、頭部や脳のみを保存する会員もいる。しかし会員の約半数は全身保存を選択。会費は大幅にアップするが、他人の手足で生きるのは嫌だというのがその理由だ。

まだ見ぬ自分との約束

私自身は、冷凍保存の処置に20万ドルを超える大金を費やすことについては……いささか抵抗がある。必ず蘇生できる確証はなく、すべては希望的観測といっていい。しかしクライオニクスの会員が自身の計画について語り合うのを聞くと、刺激を覚えるのも確かだ。会員の多くは、過去に愛した人、そして現在愛する人々とつながり続けたいという思いにつき動かされ、復活を望むにいたった。

リンダや、クライオニクス・コミュニティの人々は、多くの点で、未来の自分との関係が意思決定や行動、幸福感を形成するという概念の極論をいく体現者だ。その定義からすると、人体冷凍保存に大金をつぎ込む人々は、いつかたどり着く遠い未来の自身とのつながりを強く感じているに違いない。

案の定、現在のリンダの生活は、未来の彼女との強い結びつきを見事に反映している。20年にわたり菜食主義の生活を継続しており、現在は卵や乳製品も摂取しない完全菜食主義者だ。

植物性の食事が認知機能低下の予防につながるという研究結果を読み、切り替えたのだ。運動も食事も、すべては長期的な脳の健康のため。神経変性疾患が進めば、ただでさえ困難な復活がさらに難しくなる。

リンダ・チェンバレンは異端者かもしれない。彼女の延命に対する信念は社会的には黙殺されているものの、科学の本流には受け入れられつつある。

彼女の未来に対する思いと、それを起因とする健康的な生活は、はたから見れば極端かもしれないが、クライオニクスのコミュニティには、彼女のような人々が他にも存在する。

「自分を好きになること」の意味

冷凍保存を望む人々は未来の自分への思いを重要視している。それは明白だ。それでは、一般の人々は未来の自分についてどう感じているのだろう。仮想的な存在との関係は、実際にどんな意味を持つのか。

これは私が長きにわたり抱いていた疑問だ。

第一に、**たいていの人は、未来の自分やその関係性について考えた経験などない**という事実だ。そうした人々にインタビューをしても、質問の方法によっては相手を混乱させてしまう。

「未来の自分をどれくらい好きか」などと尋ねても意味はない。少なくとも、アメリカの大学生にそんな質問の仕方をしたら、有効な回答は得られない。

事実、未来の自分との関係性を測るために私がインタビューを行ったとき、誰もが「まあ、未来の自分は好きだね」などと答えたのだ。

そんなはずはない。そんなに皆が将来を大切に思っているのなら行動が伴うはずだ。近所のスポーツジムはもっと混雑しているはずだし、ドーナツ店が店舗拡大するわけがない。未来の自分との真のつながりを把握するためには、もっと有効な手段があるはずだと思った。

その答えはアーサー・アーロンという物腰の穏やかな心理学者の存在にあった。ニューヨーク州立大学ストーニーブルック校の心理学教授である。

アーロン教授は１９７０年代、カリフォルニア大学バークレー校の大学院に進学。自分に合った研究テーマを見つけようと躍起だった。当時は誰も手がけていないテーマを選ぶのが通例だ。

そのころの彼は、40年以上連れ添う現在の妻で心理学者のエレインと恋に落ちたばかり。そこで彼は自分自身の思いを研究しようと決めた。つまり「LOVE」だ。

恋愛はどう始まるか、長い結婚生活を維持する原動力は何か、愛の生物学的基盤とは何か。

アーロン教授がエレインとともに手がけた研究がある。

人との親密な関係について取り上げたその研究で、2人はこんな理論を展開している。恋愛などの、**相手に緊密な感情を抱く場合、人は相手が持つ感覚を自分の感覚として取り入れる。**

たとえばある出来事が自分に起こったのか、相手に起こったのか判別できなくなったなら、それは相手の感覚を自分自身の感覚としている証拠だ。相手が昇進したとき、わがことのように喜ぶのもその1つ。

アーロン夫妻はこの「自己への内包」という概念を測定するため、シンプルな図を考えた。完全に分離している状態からほぼ重なり合うものまで、7組の円が描かれている。

夫妻は7組の円を恋人のいる被験者に見せて、自身にとって相手はどんな存在か、この図から選ぶよう指示した。単純な質問だが価値ある回答が得られた。

円の重なる面積が広ければ広いほど3カ月後も交際が続いている可能性が高く、2人の関係に満足しており、献身度も高いことがわかったのだ。

貯蓄が多い人、少ない人の分かれ道

私が未来の自分との関係性の特性を計測しようと思っていたころ、研究仲間の1人で修士課程の学生テス・ガートンが、このアーロン夫妻の「円による関係測定法」を研究に使えないかと提案してきた。

これは使えそうだと私も思った。他者との関係性を測るテストはすでに世の中に出回っている。それらを使って、未来の自分との関係性を測ってみよう。少なくとも脳が未来の自分を他人として認識していることは、これまでの研究からわかっている。

まずはごく内輪の学部生を対象に実験を始めることにした。未来の自分との関係と「似ている」と感じる円を選んでもらう内容だ。

■ アーロン夫妻の「円による関係測定法」■

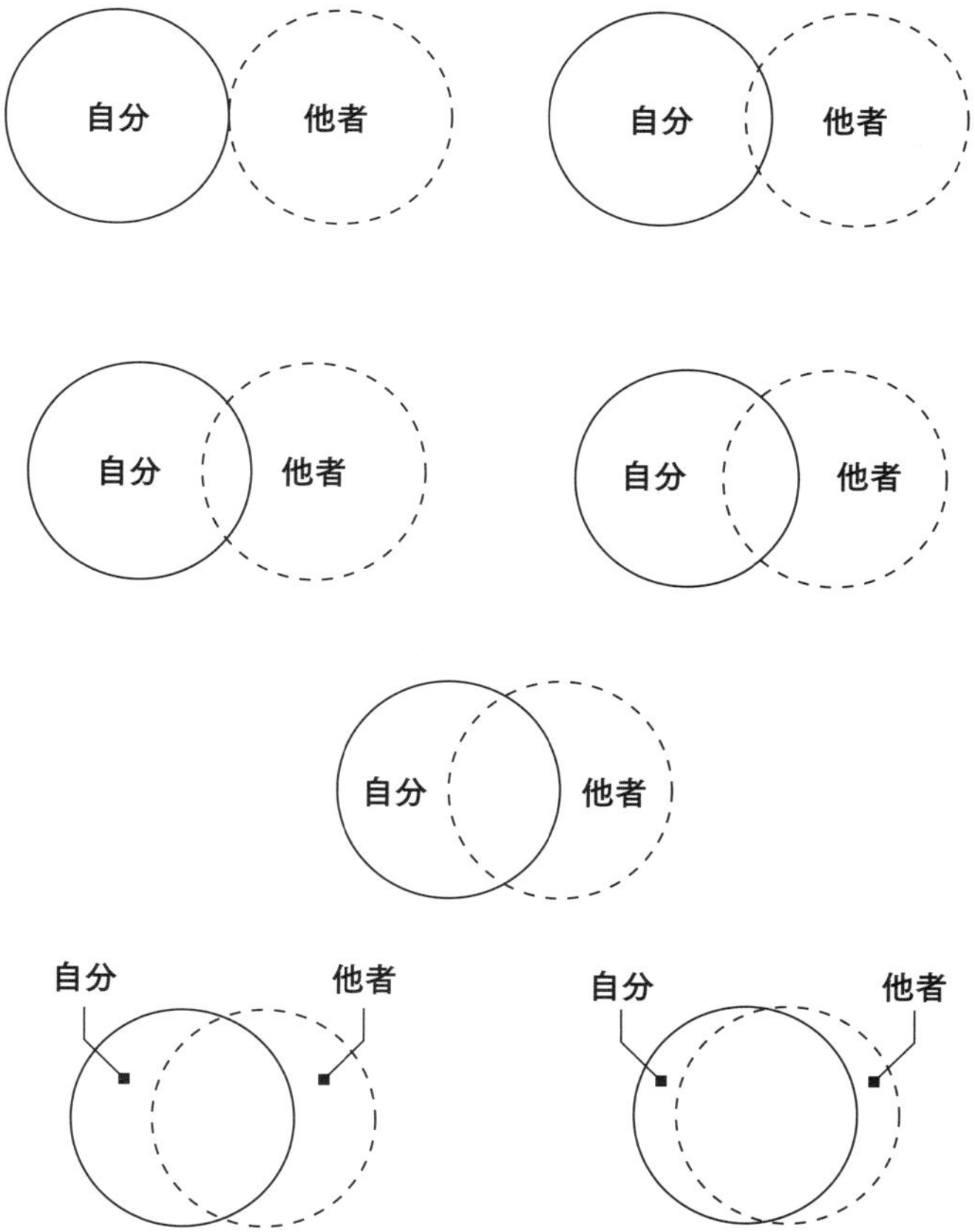

具体的には10年後の自分をイメージしてもらった。10年後なら人によって認識の差も生じるだろう。1カ月先ならほとんどの人が「似ている」と答えるだろうし、40年後も先の未来なら「似ていない」と答える人が大半だろう。

この実験では類似性のみを問うシンプルな構成にした。実験の第一歩としては適切な内容だと思う。人は自分と似ている部分を見出せば見出すほど、その他者に好意を持ち、つながりを感じる。この定義は未来の自分にも当てはまるはずだ。

被験者には行動経済学のテストも受けてもらった。すぐに受け取れる少額のお金（たとえば今夜16ドル）と、後で受け取る、より高額のお金（35日後に30ドル）のどちらを選択するかという内容だ。

未来の自分との関係を大切にしているのであれば、つまり未来の自分に対する親近感が将来に向けた正しい行動（人体冷凍保存への投資であれ、老後に向けての貯蓄であれ）につながるならば、重なる円による測定法の回答は行動経済学のテストの回答と合致するはずだ。

事実、人との親近感は他の意思決定にも影響を及ぼす。実際、自分のために使うお金を惜《お》しんでも、大切な人のためなら出費することはある。理論的にいえば、**遠い未来の自分に親しみを感じる人は忍耐強い選択ができる。**今すぐ少額を手にするより、後により大きな金額を受け取ろうとするはずだ。

とはいえ確信は持てなかった。被験者が未来とのつながりを具体的に表現できるか不安だった。円の図ならイメージもわくだろうが、あの小さな円を見て選んだ回答が、行動経済学のテスト結果と一致するのか。

果たして結果はどうか。被験者の選んだ円と行動経済学の結果には有意な相関関係が認められた。つまり、未来の自分を身近に感じられると答えた人ほど、より高額のお金を受け取る可能性が高かったのだ。

しかしこの結果に疑念を抱く人もいるだろう。「なるほど。でも被験者は学部生だけ。16ドルと30ドルのどちらかというのも、しょせん想像上の選択だ。意味があるのか?」と。

この批判はもっともだ。そこでさらに踏み込んだ実験を行った。今回は150人を被験者に選んだが、大学生ではなく地元の住民に協力を仰いだ。お金の選択についても、仮想上ではなく、住民の実生活での詳細な消費活動を材料にした。

結果は同じだった。**将来の自分に親密感を覚えている人々は貯蓄も多かった。**未来の自己との関係性は重要なのだ。

もちろん、将来の自分とのつながりや貯蓄額を左右する要因は他にもあるだろう。年齢が高ければ未来の自分の姿を身近に感じるだろうし、また、資産を形成しやすいともいえる。しかし年齢や学歴、収入、性別といった要素を排除しても、将来の自分との関係と貯蓄額の相関関係は存在したのだ。

アメリカ・消費者金融保護局も近年「未来の自分」についての調査を行っている。所得や年齢、人種、学歴や性格（誠実性や外向性など）など、さまざまな背景を持つ50州の6000人以上を対象にしたアンケート調査だ。

未来の自分とどの程度「つながり」を感じるか、図ではなく1から100までの評価スケールを用いて質問した。

その結果、**未来の自分とのつながりを感じている人ほど貯蓄額が多く、総合的に見て経済的に豊かである**ことが判明した。この相関関係は人口学的特性や人格特性といった要因を考慮に入れても維持された。

脳の研究でも同様の結果が見られる。前述したとおり、MRIの検査では脳は未来の自分を他人として認識していた。ただ、これは被験者たちの平均値だ。未来の自分を他者として認知する反応のほうが、平均して多かったということだ。平均値には、それぞれの認識の違いがあいまいになってしまうという問題点がある。

実際に脳のデータを精査してみると、現在と未来、それぞれの自分について考えたときの脳活動が著しく異なる被験者もいたし、そうでない人もいた。

脳の活動に差が見られた被験者は未来の自分を赤の他人のように見ていた人々であり、脳活動にそれほど大きな違いが見られなかった被験者は、未来の自分を現在の自分と同じように見ていた人々だ。

この違いに意味があると私たちは考えた。前述の実験でも、自分と親しい人々――親友や親、恋人など――について考えたときの脳の活動は、自身について考えたときの活動と大差がなかった。つまり**親近感は脳の活動に反映される**のだ。

そこで次に、脳の活動の違いによって金銭上の決定を予測できるか実験することにした。まず被験者の脳をＭＲＩで調べ、その２週間後に簡単な意思決定テストを受けてもらった。

テストは先ほどと同じく、今すぐ受け取る少額のお金と後で受け取る高額のお金、どちらを選ぶかというものだ（しかも、今回は実際にお金が支給された）。

結果は予想どおり、脳が未来の自己を他人と認識すればするほど、金銭の受領を前倒ししようとする傾向があった。未来の自分が「他人」であれば、将来的な利益より目先の利益を優先することがわかったのだ。

お金だけの問題ではない

こうした未来の自分との関係性、そしてその関係性が我々の決断に与える影響力は、単に金銭上の決断にかぎったことではない。

具体的には、**未来の自分とのつながりが強ければ強いほど、倫理的な決定を下す傾向がある**。見返りがあっても倫理的に問題のある選択は、実際には明日よりも今日を優先させることになるからだ（リスクを未来の自分に押しつけているに過ぎない）。また、高校や大学での成績も上がり、健康のために運動をする機会も増える傾向がある。

私自身、**未来の自分との関係性におけるもっとも顕著な結果は、心理的な幸福感、つまり人生の満足度に表れる**と考えている。

アメリカで1995年に実施された調査「アメリカにおける中年期研究」では、20歳から75歳までの約5000人が自身の特性（冷静さや思いやり、思慮深さなど）と10年後の特性の予想について、さまざまな質問に回答している。

その結果、未来の自分に親近感を持つ人は、現在と未来の自分の特性に共通する点が多いと感じていることがわかった。逆に親近感のない人は、未来の自分を異なる特性を持つ他人と想像していた。

10年後の2005年、同じ5000人を対象に再び調査が行われた。私の教え子の1人、ジョーイ・レイフがこのデータを入手し、回答者が最終的にどんな「自分」になったか調べることができることに気づいた。さて、未来の自分に変化や違いを想定していた人と、共通点を見ていた人、どちらが人生により満足感を覚えていただろうか。

結果は共通性の勝利だった。変化よりも共通点を多く見出している人のほうが幸福感を持つことがわかった。変化が肯定的なものであっても否定的なものであっても同じだった。類似性を感じている人ほど現在安定した生活を送っており、今後もそれが続くという予想が幸福感につながる可能性は確かにある。しかしこれは、人口学的特性や社会経済的地位など、幸福感に直結する要素について慎重に調整を行った上での結果だ。

これは意義ある結果であり、時間をかけて考察すべきものだと思う。なぜなら未来の自分との関係性のあり方について、多くを明らかにしているからだ。たとえば生活環境が比較的似ている中年女性2人に、10年後の自分を予想してもらったとする。

一方が「現在と似ている」と予想し、もう一方が「変わっている」と予想した場合、どちらがより幸福感を得るか。少なくともこの1995年の調査の結果を踏まえれば、「似ている」と予想した女性のほうが10年後の人生に満足していることになる。

それはなぜか。現在の自分と未来の自分に類似性があると考える人は、貯蓄をしたり、運動をしたり、より堅実な道を歩む傾向があることは紹介したとおりだ。今後もそうした生活を送り続ければ、より満足度の高い人生につながる可能性があるということになる。絶対とは言い切れないが。

未来の自分と似ていれば人生に満足できるだなんて、あまりに自分に進歩がないのでは？　といった意見もあるだろう。しかし、おそらくそれは正しくない。

研究者のサラ・モルウキとダニエル・バーテルズによると「人が未来の自分とつながりを感じるときには、必然的に自己改善の発想を取り入れている」という。

未来の自分との絆《きずな》を感じ、類似点やつながりも見出せる。でも年を重ねるごとにより私らしい「私」になれると信じる。つまりそれは異なる自分になるのではなく、よりよい自分を形成することなのだ。

モチベーションが高まる決定的な理由

「相関関係は因果関係にあらず」は社会科学の常套句である。確かにこれは真実だ。未来の自分との密接な関係が長期的な行動の改善につながるという私の見解は、相関関係の範囲を超えるものではない。何がどんな結果を引き起こすのかについては、疑問が残ったままだ。

未来とのつながりによって堅実な金銭感覚が育まれた結果、裕福になるのか、それとももともと裕福でガマン強い人々だからこそ、未来の自分との絆が強いのではないか。どちらもそれらしく聞こえる。

この疑問を解決するには、マッドサイエンティストの帽子でもかぶり、数千人もの被験者を招集して大規模な実験を行うしかない。

まず被験者を2つのグループに分ける。

一方のグループには大金を渡し、その結果、未来の自分との絆が深まり共通点を見出せるようになったか観察する。

もう一方のグループにはなんらかの方法で未来との関係性を深めてもらい、その後、彼らが将来を考えた行動を起こすようになったか確認する――といった具合に。

そうすれば、「未来の自分との絆→よい行動」と「よい行動→未来の自分との絆」の因果関係の矢印がどちらを指しているかわかるはずだ。こうした試みはかつて行われたことはないが、どちらの矢印も可能性はあるように思える。未来の自分に親しみを感じるようになれば自分に投資したくなるだろう。

逆に生活が安定し充実すれば、将来について考えるようになり、その結果、未来の自分に関心を向けるだろう（実際、年齢を重ね生活が安定すると、未来の自分をより近く感じるようになるという調査結果がある）。

果たして、矢印が特定の方向に向いていることを示唆する、説得力のある証拠が見つかった。

1つ目の証拠は数千人の成人を対象とした調査結果だ。過去1年間に大金を手にした人（宝くじや遺産相続など）は、そうでない人と比較すると、未来の自分との結びつきがそれほど強くないことがわかった。**つまり財政状態が好転したからといって未来の自分との結びつきが強くなるかといえば、必ずしもそうではない**のだ。

2つ目の証拠は、前に紹介した研究者ダニエル・バーテルズが、同僚オレグ・ウルミンスキーとともに、卒業間近の大学4年生を対象に実施した研究結果だ。

まず「大学卒業後は性格の核をなす特性が変化する」あるいは「卒業後も特性はほとんど変化しない」という趣旨の2種類の短い文章を用意し、どちらかを読んでもらう。その後、すぐに使える少額の商品券か、しばらく経たないと使えない高額の商品券、どちらかを選ばせた。

その結果、「特性が変化する」という趣旨の文章を読んだ被験者のほうが「忍耐強い選択」を行った。単純な介入研究だが、**未来の自分とのつながりの意識が、将来のために行動しようという気持ちにつながる**ことの表れである。

おそらく彼らは、未来の自分になり変わったような気持ちになったのだろう。

父が息子に遺した手紙

アルネ・ヨハンセンは32歳のときに筋萎縮性側索硬化症（ALS）と診断された。体の筋肉がやせ、力が入らなくなっていく病気だ。余命はわずか数年。4人の子どもの父親で、地域で積極的に活動し、子どもが所属するスポーツチームのコーチでもあった。診断時、一番年上の子ライアンは11歳だった。

ライアンと父親は多くの時間をともに過ごしていたが、ライアンは父が告知の直後からタイプライターで毎日何時間も手紙を書くようになったことに気がついていた。運動機能が衰えると（病気の進行は早かった）キーを打つのが難しくなる。1990年代初期はまだ口述筆記の技術が開発されていなかった。

だが、やがてそうした機器を使ってもキーを打つことができなくなった。アルネの病は進行の一途をたどり、家族は看護師を自宅に雇う。アルネは看護師に口述筆記してもらい手紙を書き続けた。

ライアンは毎朝、父の様子を確認してから学校やサッカーの練習に行っていた。告知から約3年が経ったある日、ライアンは父が「旅立った」ことを知る。

現在、サンフランシスコの南の小さな街、サンブルーノで警察署長を務めるライアンは、タフなメンタルを持つ男だが、あの瞬間は大きなショックを受けたと語る。

「誰でもそうだと思うのですが、父親の死を目の当たりにしたときのことは、一生忘れないでしょう」

しかしライアンが心を痛め、もっとも鮮明に記憶したのは、父の死ではなかった。

亡くなった父を発見したライアンは、すぐさま母親に伝えた。10分ほど経つと母は彼に1通の茶封筒を手渡した。

それはアルネからの短い手紙だった。

悲しかったし、絶望的な思いにもかられた。しかし手紙はそれ以上に彼の心をとらえた。他のきょうだいや母でなく、自分だけに宛てられた手紙。それは短い一節ながら、父親が息子に対して渾身の力を振り絞って書いたものだ。

「若い私のもっともつらい時期、父親がそばにいてほしいのにそれがかなわない、そんな私の将来を考えてくれたんでしょうね」

手紙はこれだけではなかった。ライアンはその後、父から数多くの手紙を受け取ることになる。その中には「死ぬのが怖いわけではない」という言葉があった。告知を受けてすぐに現実を受け入れたのだという。

そう、死ぬのはつらくない。つらいのはこれから先、妻や子どもたちのそばにいてやれないことだ。彼らの悲しみを少しでも和らげてやりたいという思いから、アルネは手紙を書いた。子どもたちが将来体験するであろう、人生の貴重な瞬間宛てに。

アルネが遺した手紙は妻や他の子どもたち、他の人々に宛てたものも含めると、数十通にのぼる。

今の自分に何ができるだろう

人がこの世を去っても、残された人々はつながりを感じ続けることができる。こうした手紙の存在は、それを強く思い出させてくれる。未来の自分、そしてその先に思いをはせたことで、アルネは自分のみならず、他の人々の未来の姿を形づくることができた。

そして、その手紙をきっかけに、ライアンは会社を立ち上げることになる。

20年前に警官の職に就き、サンディエゴ警察に配属されたライアンは、特に暴力事件が多発する地域の巡回を担当することになった。

配属1年目には銃撃事件に何度も遭遇した。父親には数年の「猶予」があり、残された日々について計画を練ることもできただろうが、自分は仕事柄、いつ死んでもおかしくないと思うようになる。

そこでライアンは父のように手紙を書くことにした。しかしそれは思いのほか難しかった——恐ろしく時間がかかってしまうのだ。

それなら「ビデオレター」はどうだろう。ウェブカメラで撮影したところ、これがまた予想以上の難しさだった。娘の結婚式に花を添えようと録画を始めたが、涙が止まらない。ひたすらすすり泣くだけの映像になってしまい、意味のわからないメッセージになってしまった。

こうした経験を活かし、ライアンが設立したのが「エバープレゼント」（Ever Present）だ。健康な人や病気の人など、誰もが映像を制作できる場を提供する。愛する人の死後もその映像を共有してもらうのが目的だ。

そして、ライアンにとってもう1つの利点は、この先の人生を考えるにあたり、ビデオの存在が心の支えになっていることだ。たとえ人生の終焉を迎えることになっても、家族にはすべて言い残したという安心感があるからである。

カリフォルニア州の病院「スタンフォード・ヘルスケア」の医師も、手紙を書くプロジェクトに取り組んでいる。終末期について、患者により深く考えてもらうため、緩和ケアの医師が手紙の形式を用いた事前指示書を導入している。

患者は今の自分にとって何が一番大切か、人生の終わりに何を求めるか、家族に覚えておいてもらいたいことを記す。

このプロジェクトにより、患者は自分の希望をしっかり伝えられるようになった。終末期の計画を明確に文書化することが「よりよい死」（患者にとっても介護者にとっても）につながるならば、日ごろから手紙を書く練習を行う価値はある。人生の苦難を少しだけ楽に乗り越えられるかもしれない。

〝本質〟とつながる方法

ここに大きな教訓がある。

2章に登場した哲学者デレク・パーフィットは、未来の自分とのつながりを考えることで死への恐怖は薄れると考えた。「自分」が1人しかいないのならば、死によって人生は終わりを告げる。「死後、〝私〟という人は生きていない」とパーフィットは述べている。しかし私たちの人生を、互いにある程度のつながりを持つ個々の集合体と定義するのであれば、死はそう恐れるものではないのかもしれない。そう、パーフィットが述べたように「死は現在と未来との間に深い溝をつくるが、そのほかのさまざまな関係を壊すものではない」のだ。

私たちは死後も愛する人々の心の中で生き続ける。ほのかな光のように、心に灯り続ける。

つまり私たちは顔や興味や記憶、骨についた肉によって定義されるものではないということだ。

それらは死とともに消滅するが、他の側面は残り、主に親しい人間関係によって存在し続ける。**他者に伝えた基本的な価値観や印象、あるいは他人が語る物語などを通して、私たちは死後も世界に影響を与え続けることができる**のだ。

未来の自分とのつながりに対する自覚は私たちの行動や人生の満足度に大きく影響する。経済的な決断、健康上の選択、倫理的な道、愛する人との死後の関係などを通じて、遠い未来の自分との絆を深めることが、よい結果をもたらす。未来の自分をより身近に感じれば感じるほど、どんな未来であれ、うまく備えられる。

未来を描く 3 のまとめ

■ 未来の自分との関係は、決断に重要な役割を果たす。

■ 遠い未来の自分との強固な結びつきは、ポジティブな結果に結びつく。

■ 経済的な豊かさ、健康のための運動への意欲、成績アップ、精神的な充足など、効果は多岐にわたる。

■ 未来の自分とのつながりを深めることで、よりよい行動を起こそうとする意欲がさらに高まる。

PART 2

人生の乱気流

4

大後悔！
——乗り遅れた飛行機

共同購入型クーポンサイトを運営するアメリカのグルーポンは２００８年の創業時、一定数の消費者の購入で大幅な割引が可能になる「グループ購買」に重点を置いていた。当時、大学院生だった私は、かぎられた予算で生活しており、同社のサービスは重宝していた。必要だと思えるものがあれば、ありがたく使っていた。

グルーポン創業から2年が経ったころ、私はシカゴで、初めてMBAの学生を教えることになった。当時の私の服装の定番はTシャツにショートパンツだったが、まさかその恰好で授業に出るわけにもいかない。そこで服を新調しようと思った。

「90ドルでワイシャツ2枚」というクーポンを見つけたときは小躍りした。しかし過去にもグルーポンを利用していた私は、そのワナも自覚していた。ワイシャツ2枚ではすまず、必要のないシャツまで買って90ドル以上費やしてしまうかもしれない。節約するつもりが財布がすっからかんになるパターンだ。

よし、こうしよう。妻につき合ってもらい、私が無事にシャツを2枚だけ買えるよう監視してもらおう。

高級ブランドの驚くべき手口

とはいえ買い物に行く前から少し心配だった。90ドルという予算を忘れて散財してしまうのではないか。シカゴの高級ショッピング街、ミシガンアベニューのすぐそばにある、しゃれた名前の店だ。

店内に入り階段を上ると、ハンサムで完璧な身なりの店員に迎えられた。美しく整えた髪型、あつらえたようにぴったりなボタンダウンのシャツ。私が「グルーポンで買い物を」と言いかけると、その店員は握手を求め「飲み物はいかがですか？　紅茶やコーヒー、ワインやビールもご用意しています」と言う。「ビールですか、いいですね」と私は答えた。

彼が飲み物を持ってきたので、私は再びクーポンで買い物をする旨を伝えようとした。すると「今日はご夫婦でお買い物でしょうか」と言って私の服装を褒めた。私はやっとのことで、グルーポンでシャツを2枚購入すること、今日の買い物はそれだけだと伝えた。「承知いたしました。では、まずはスーツをご覧ください」と店員。

「いやいや、シャツ2枚買うだけですから。必要ありません」と私は答えた。君はさっき私の服装を褒めてくれたじゃないか。それなのになぜスーツを勧める？　と言ってやりたい気持ちになったが、そんな勇気があるはずもない。それに彼はプロの販売員だ。自分の言っていることぐらい、よくわかっている。

「かしこまりました」と店員は引き下がった。「シャツ2枚でございますね。でも、いずれにせよスーツ売り場を通りますから、ご案内いたしましょう」

スーツには3つの価格帯がございます、と彼は言った。「低価格」のものは500ドル前後。中間は900ドル前後で「ほとんどのお客さまがこちらを選ばれます」。

その上は1着1万8000ドルだという。

いっ、い、い、い、いちまんはっせんどる？

なぜそんなに高いのかと尋ねた。一見したところ、確かに素材はよさそうだ。でもしょせんはピンストライプのスーツじゃないか。

「すべて手縫いで、お客さまの好みに合わせておつくりするんです」と店員は説明した。

よくあるピンストライプじゃないですか？　と言うと、彼は「どうぞ近寄ってご覧くださいませ」と答える。目を凝《こ》らすと、ストライプは細かなモノグラムでできていた。なんと、客の名前のモノグラムでストライプを織るというのだ。

「ご想像ください」店員が歌うような口調で言った。

「全身にモノグラムロゴをお召しいただけるんですよ」

このスーツには他にも秘密があった。特殊な製法で染めた金糸を使っているという。もちろん私はスーツを買わなかった。そんな余裕があるのなら、車を買ったほうがいい。とはいえ、彼は本気でスーツを買わせようとしていたわけではないと思う。

彼の狙いは、90ドルよりはるかに高額な品に私の注意を引きつけることだった。そしてその作戦は見事に成功した。

1時間後、私は4枚分の金額のシャツのレシートを手にしていた。結局、予定の倍のシャツを購入してしまったのだ。私は妻に「少なくとも、あの高いスーツは買わずにすんだ」と勝ち誇ったように告げた（そして自分にも言い聞かせた）。

最初の数字にとらわれて

この店員は非常に高価なスーツを紹介することで、私に「錨（アンカー）」を投じた。優秀なセールスマンである彼は、私がおそらく値段に惑わされ、シャツ2枚以上の買い物をすると踏んでいたのだ。

これは「**アンカリング効果**」と呼ばれる現象だ。行動経済学から飛び出した用語だが、話題になったのでご存じの方も多いだろう。**数値に関する意思決定を行う際、最初に提示された値にとらわれて、情報を正しく判断できなくなる現象**を指す。

海に錨を下ろすと船は錨の近くに停まる。少しぐらい動くことはあるだろうが、1日の航海の終わりに錨を沈めれば、船は一定の場所に停泊する。

数字も同じだ。私たちは最初に目にした数値に錨を下ろす。その数字を忘れていいし、忘れるべきだとわかっていても、身動きができない。モノグラムのピンストライプのスーツに2万ドルも出せないのはわかっていても、その数字が頭にこびりついてしまい、気づくと予定よりはるかに高額の商品を購入してしまうのだ。

脳内タイムトラベルの第1のミス「飛行機に乗り遅れるミス」の原因が、このアンカリング効果だ。私たちは最初の数字にこだわりすぎるのと同じように、現在の自分の感情に集中し過ぎることがある。現在の自分に錨を下ろしたがために、未来への判断が狂ってしまうのだ。

たとえばあなたが海外旅行に行くことになり、念入りに計画を立てたとする。旅行当日、余裕を持って空港に到着。セキュリティチェックを通過したところで、バーカウンターを見つけた。そこで1杯飲んでから搭乗しようと決めた。バカンスの始まりに乾杯！といったところだ。しかし1杯だけのつもりが飲み過ぎてしまい、飛行機に乗り遅れる。

脳内タイムトラベルでも同じようなことが起こる。頭の中で未来へ旅立とうとしているのに——しかも未来の自分の利益のために行動しようとしているのに——現在の自分に引き留められて「搭乗」できない。空港のバーで飲むビールのおいしさに満足してしまうように、現在の自分の考えや気まぐれな心を優先してしまうのだ。

「魔法の宝くじ」を今受け取るか

このタイムトラベルのミスについて、「魔法の宝くじ」の話を例に、もう少し説明してみたい。

あなたはスクラッチの宝くじを買うのが好きだ。

1週間に何回かスクラッチを購入し、就業前に会社のデスクで削るのが習慣。あるさわやかな秋の朝、あなたはいそいそとスクラッチを取り出し、コーヒーをいれた。

削ってみると、なんと1000ドル（約16万円）の当たりだ！ でもよく見ると「半年後に換金可能」と書いてある。

すぐに手に入ると思っていたので、ちょっとガッカリするあなた。でも半年後には1000ドルが口座に振り込まれる。宝くじを買った店は会社から歩いて数分の場所にある。顔なじみの店主にこの吉報を伝えたくて、あなたは店へ向かう。

店主に話すと、彼は「君とは仲よしだから、今換金してもいい」と言う。規定どおり6カ月後に受け取ることもできるけど、どうする？

なぜ待つ必要がある？　とあなた。同じ1000ドルなら、もちろん今日いただくに決まっているじゃないか。

今受け取れるものは今受け取る。この選択は、飛行機に乗り遅れたり、現在の自分の気持ちを優先させたりするのと同じだ。すぐにでもお金を受け取りたいがために、半年後よりも今を優先する過ちに気がつかないのだ。

しかしとりあえず、話を先に進めよう。1000ドルを獲得してから数週間が経った。11月のある雨の日、今日もあなたの会社の机の上には宝くじとコーヒーが置かれている(この前当たったから再度チャレンジ)。

あなたが最強の運の持ち主なのか、それとも幸運の売り場で買ったからか——なんとまた当たった！　賞金は今回も1000ドル、6カ月後に換金可能だ。

続く幸運を伝えたくて、あなたは再び友人の店に向かう。もしかしたらまた支払いを早めてくれるかもしれない。しかし店に行くと、店主はこんなことを言う。

「本当なら半年後に換金だけど、今日払ってもいい。しかし今回は手数料を10ドルもらう。差し引き990ドルでどうだい？」

さて、あなたはどうするか。今日990ドルを受け取るか、それとも半年待って1000ドル受け取るか。今すぐお金を受け取ることにも意義はある。たとえ10ドル引かれても、受け取ったお金で何かにチャレンジするとか、自己投資して将来的に利益を得るという選択もあるだろう。

もしそうなら、今すぐ990ドルを手にするのはあながち間違いではない。たとえ金額が減っても、今受け取るほうが理にかなっている場合もある。ただし、減額されたお金を選ぶのは「未来の報酬の価値を割り引く」ことでもある。つまり現在の報酬よりも将来の報酬を低く見積もっているのだ。

もしあなたが宝くじに当たり続け、店主が手数料の額を20ドル、30ドル、そして500ドルと値上げしたら……あなたはどこかの時点で「わかったよ、半年待つ！」と言うだろう。100ドルや200ドル、あるいは許容範囲を超える金額を取られてまで、今受け取ろうとは思わないだろう。

どんな選択にせよ、間違っていると私が言う筋合いはない。今すぐお金が必要なら900ドルでも600ドルでも、今すぐ受け取ればいい。正当な理由があれば半年待つ必要はない。

タイムトラベルにおける本当のミスとは、自分の本来の理想に反する行動を行い、未来の報酬を割り引いてしまうことだ。空港でお酒を飲んで飛行機に乗り遅れるのは、まさしくその手のミスだ。なぜならあなたは旅行に行きたかった。だから飛行機を予約しホテルを探した。ガイドブックだって読んだはずだ。

突発的な欲望を優先したばかりに、誤った選択をしてしまったのだ。

アイスを一気食いするスーパーDJ

ラスベガスでもっとも収益の高いビジネスが何かご存じだろうか?

スロットマシンやブラックジャックなどのカジノか、ホテルのスイートルームか、ダイナミックな演出のショーか、それとも豪華な食事を提供するレストランか……どれでもない。実はナイトクラブだ。

彼の地の巨大ナイトクラブは長蛇の列。客は入場料やドリンク代（テーブルサービスは数千ドルもする）に大枚をはたくため、中には一晩で数十万ドル稼ぐＤＪもいる。

そうした稼ぎをいとも簡単に費やしてしまう若手ＤＪは少なくない。中でも有名なのがアフロジャックだ。年間数百万ドル稼ぐという彼は、その莫大な収入を惜しげもなく散財する。

数年前、すでにフェラーリとメルセデス・ベンツ、３台のアウディを所有していた彼は、新たにフェラーリを購入したものの、納車わずか45分後に車をスリップさせ、大破させた。娘の誕生日を祝うために大型ヨットをレンタルしたり、プライベートジェット（費用３万８０００ドル）でショーに駆けつけたりと、その贅沢ぶりは枚挙にいとまがない。

『ザ・ニューヨーカー』誌の記事によると、この身長２０８センチのスーパースターは、自身の生き方をこう表現している。

「アイスクリームを山ほどもらったら、それを冷凍庫に入れるか？　一気に食っちまうだろ」

アフロジャックのようなゴージャスな生活には親近感を持てなくても「アイスクリームを一度に全部食べたい」という欲求については共感できるのではないか。すぐに食べないと溶ける――そう考えることで、私たちは現在という時間の重要性を過大評価する。

明日のバケーションより空港で飲む今日のビール、ジムでランニングマシンに乗るよりも座り心地のいいソファを優先してしまうのだ。

こうした欲求は、先述した「自分の本来の理想に反する行動」でもある。

未来と現在では事情が違う

もう少しだけ宝くじの話をしたいと思う。

あなたはその後も宝くじ店の店主と仲よくしている。ある日、彼がこんなふうに聞いてきた。

「1年後、また宝くじが当たったとする。君はそこから半年後に1000ドルを受け取ることもできるし、手数料を引いた900ドルをその日に受け取ることもできる」

こんなふうに彼は、今から1年後に900ドルを手にするか、1年半後に1000ドル手にするか、どちらがいいか尋ねている。

あなたはどちらを選ぶか。1年半で1000ドルより、1年で900ドルのほうに食指が動くだろうか。私が思うに、1年半待って1000ドル受け取る人のほうが多いと思う。忍耐が必要だがより多くの利を得るという、理想的な行動だ。

でも未来の話なら、たとえ半年待っても大きな額を選ぶのに、今現在の話になると「少なくてもいいから今欲しい」というのは、矛盾した行動に思えないか？

そう、論理的には矛盾しているのだが、**私たちは未来の時間が現在に近づけば近づくほど、忍耐力を発揮できず、未来のための行動ができなくなる。**代わりに現在の自分に焦点を当てた行動が増えていくのだ。

これまで紹介したように、場面を未来に設定すると、こうした選好逆転現象が起こるという研究結果は多い。人は報酬がすぐに得られない場合、未来に価値を置き、ガマン強く行動することができる。しかしすぐに報酬が得られるとなると（あるいは非常に近い未来である場合）、未来とそれに付随するすべての要素を軽んじる傾向がある。

たとえば8日後の30ドルと17日後の34ドル、どちらかを選べと言われた場合、人は17日後の34ドルを選ぶ傾向がある。しかし、どちらかの報酬が今すぐ手に入る場合は（たとえば今日の30ドルか9日後の34ドル）逆転現象が起こり、すぐに手に入る報酬を選ぶのだ。

お金ではないものの選択でも同じだ。たとえば今から1週間後に食べるとしたら、あなたはバナナ、リンゴ、チョコレートバー、ナッツの中からどれを選ぶだろうか？

1週間後に食べるというのなら、おそらく健康的な食べ物を選ぶのではないだろうか。

実際にこの実験に参加した被験者もそうだった。しかし1週間後、同じ被験者に「今食べるとしたら」という条件で同じ選択肢を提示したところ、ほとんどの被験者がチョコレートバーを選んだ。さて、あなたはどうだろう。

こうした選好の逆転──未来の報酬の極端な割引──は、多くの人が避けたいと願う行為とも関連性があり、場合によっては予測も可能になる。喫煙、アルコール乱用や依存症、ヘロインや覚せい剤の使用、肥満やギャンブルなどがその例だ。

選好の逆転は人間以外でも確認できる。

ある実験でハトに2種類のエサを用意した。1つは2秒間食べていられるエサで、もう1つは6秒間食べていられるエサだ。どちらのエサもすぐには与えられず、ある未来の時点で与えた。2秒間のエサが28秒後、6秒間のエサは32秒後だ。その結果、すべてのハトが大きい報酬、つまり32秒後のエサを選んだ。

しかし、2秒間のエサを28秒後から2秒後、6秒間のエサを32秒後から6秒後と、待ち時間を短く設定すると、ハトは即座に食べられる2秒間のエサを選んだ。人間がチョコレートを選ぶのと同じだ。ちなみにラットも同様の行動を示すことがわかっている。

とはいえ、実生活でこれほど「明確」な選好の逆転を目にすることはないだろう。最初に明確な好みを表明しておきながら誘惑に負けて方向転換する、そんな状況に直面する機会はまずないからだ。

むしろ、いつかはこんなふうに行動できる人でありたい、という思いを持つ人は多い。たとえば「将来的には健康的な食生活を送りたい」などと言うのに、今現在の話になると、どうしても健康的な選択ができない。1日の仕事を終えて夜を迎えたとき、リンゴには手を伸ばそうとせず、代わりに大袋入りチョコレートを一気食いしてしまうのだ。

〝感情〟という名の拡大鏡

ブリティッシュ・コロンビア大学で心理学を教えるエリザベス・ダン教授は、幸福における研究の国際的権威だが、熱心なサーファーでもある。

彼女がハワイに行ったときの話だ。現地でガイドを雇い、地元のサーフポイントを巡った。後で聞いた話だが、最後に訪れた場所は危険なスポットだったらしい。彼女はガイドや友人と離れた場所でひとしきり波に乗った後、サーフボードに体を横たえ、仲間のもとに戻ろうとゆっくりパドリングを始めた。静寂を破ったのは、海面から現れた巨大な突起物だった。ウミガメが迷い込んできたのかと思ったら、いきなり足を噛まれた。ウェットスーツに大きな穴が3つ開き、傷は骨に達した。

彼女が目にしたのは巨大なサメの尾だった。サメは威嚇するようにしばらく旋回し、それから去っていったという。

「この体験で何かおもしろいことがあったとすれば、記者がいっせいにやって来て、私に話を聞こうとしたこと。『どのあたりで噛まれたのですか』とか『どんな特徴のサメでしたか』とか……。でも、そんなこと覚えているわけないじゃない！」

刑事ドラマの事情聴取のように、彼女はありとあらゆるサメの写真を見せられたが、なにひとつはっきりとした特徴を伝えることはできなかった。

当然のことながら、彼女にとって、サメに噛まれた瞬間は衝撃と、また襲われるかもしれないという恐怖、それだけだった。本人の身になってみれば、それ以外のことを考える余裕などないだろう。

ダン教授の話は極端な例とはいえ、私たちにも共通の傾向が見て取れる。つまり、私たちは今現在のことで頭がいっぱいなのだ。サメに襲われるほどの大事件でないとしても、「今、ここ」について考えるだけで脳の処理能力が上限に達し、未来についての思考が遮断されてしまう。

ダン教授は悪夢のハワイ旅行の数年後、この現象について研究論文を発表している。「**我々は感情という名の虫眼鏡を通して今を見ている**」と彼女の研究チームは記している。**今この瞬間に抱いている感情こそが、過去の感情や未来に起こるであろう感情よりも重要**なのだ。

経済学者は、私たちの注意がそのときどきの感情に過度に引き寄せられる理由を「本能的な要因」と指摘する。人間は空腹だったり、のどが渇いたり、本能的あるいは根深い欲求がある場合、まずそれを解消しようとする。たとえ後悔するような結末になっても。まるで駄々っ子が辛抱強い大人を押し切ってしまうようなものだ。生物学的に説明すると、脳にはドーパミン神経系と、前頭前皮質に関連する神経系がある。ドーパミン神経系はいわば駄々っ子で、前頭前皮質の神経系は分別ある大人といったところだ。

ドーパミン神経系は目の前のものに対して感情的な反応を引き起こす。よくも悪くも、身のまわりのものすべての価値をコード化する役割を持つ。

一方、前頭前皮質の神経系は、物事の全体像を把握し、誘惑に打ち勝つための働きをする。前頭前野に損傷を受けると抑制が効かなくなるため、環境依存症候群に陥ることは、過去の患者の観察からある程度わかっている。

スタンフォード大学のババ・シヴ教授とインディアナ大学のアレクサンダー・フェドリキン准教授が被験者にチョコレートケーキかフルーツサラダ、どちらかを選ばせる実験を行っている（どちらが本能に訴えるかは言わずもがなだ）。

人気があったのはもちろんチョコレートケーキだったが、実は被験者をグループ分けし、あるグループには数字の暗記を指示していた。暗記作業は前頭前野に負担がかかるため、本能を制御できなくなる。チョコレートケーキを選んだのも、暗記グループの被験者が一番多かった。

この結果は21世紀に生きる人々への教訓でもある。たとえばスマートフォンだ。マナーとしても言われているが、人と歓談しているときはスマートフォンを目の前に置かないほうがいいだろう。たとえ一瞬でも着信音が鳴れば、気になって話に集中できなくなる。

くり返しになるが、私たちが目先の報酬を過大評価するのは、現在の感情が未来の自分に対する期待を上回るからだ。前頭前野の助けを借りれば、過剰な感情を抑制し将来的な報酬を見据えることも可能かもしれない。しかし他のことに気をとられたり（頻繁に起こる）、その時々に表れる感情があまりにも強力であったりすると、人は目の前の報酬に屈服する。

意図せずとも未来より今を優先してしまうのは、これが理由の1つだが、実はもう1つ、理由がある。それは時間に対する私たちの考え方である。

熱いストーブと美女

「きれいな女の子といると1時間は1分に感じられ、熱いストーブの上に座っていると1分が何時間にも感じられる。これが相対性理論だ」

アインシュタインの有名な言葉だ。ある科学雑誌の記事を読むまで、私はこの言葉が思考実験から生まれたものとばかり思っていた。

その記事によると、ある昼過ぎ、アインシュタインは自分のアイデアを試してみることにしたのだという。しばらく使っていなかった小さな調理用コンロをガレージから持ち出し、友人のチャーリー・チャップリンと、妻で女優のポーレット・ゴダードに電話をかけ「1時間でいいから、ポーレットをお借りしたいのだが」とおそるおそる頼んだ。

アインシュタインにとって、ポーレットと過ごすひとときは一瞬のように感じられた。

しかし時計を見ると、確かに1時間経っている。仮説の1つは実証された。次の実験に取りかかろうとすると、アインシュタインはお尻の左側に軽い火傷を負い、病院に行く羽目になった。実験も中止になった。

確かに時間の流れは相対的だ。つまり時間の流れの感じ方が相対的なのだ。同じ客観的な時間でも、出来事によって長く感じたり短く感じたりする。

イエール大学の研究者が紙と鉛筆だけで実験を行い、この結論に達している。さまざまなグループの被験者に横線が1本描かれた紙を渡し、ある一定の期間がどれだけ長く感じられるか記してもらうという実験を行った。線の左端には「大変短い」、右端には「大変長い」と書かれている。被験者は3カ月後、1年後、3年後という期間をそれぞれどう感じるかを線の上にチェックした。

さて結果はどうだったか。客観的に見れば3年は1年よりも長く、1年は3カ月よりも長いはずだ。しかし、被験者の時間の感じ方は、それぞれの時間の長さに相当するものではなかった。1年は3カ月の約1・2倍の長さに感じていたことがわかった（客観的には4倍になるはずだ）。さらに不思議なことに、3年後は1年後とほぼ同じ長さに感じていた。

時間は「今」から遠く離れれば離れるほど、圧縮されて感じるのだ。

つまり私たちは、今日から明日までの1日を、3カ月後の1日より長く感じているということだ。この法則は長時間のフライトやドライブにも当てはまる。出発前は機内や車内の時間を、長時間ではあっても、ある一定時間と認識している。

しかし、旅が続き目的地が近づくと、到着までの時間がどんどん引き延ばされているように感じることがある。その理由は、人は時間を長く感じると忍耐力が失われ、報酬を待ちきれなくなるからだ。

こうした認知のゆがみはなぜ生じるのか。それは私たちが、現在という時間に大きく惑わされているからかもしれない。

たとえば4週間後に100ドル受領するか6週間後に125ドル受領するか、どちらかを選ぶとする。4週間と6週間の差は比較的短く感じられ、どうせ待つならもう2週間待って高い報酬をもらおう、と思えるだろう。

しかし、報酬をもらえる時期をくり上げて、今の100ドルか2週間後に125ドルか、から選べということになると、2週間が長く感じられないだろうか。ガマンできなくなり目の前の報酬を選んでしまう、ということになりがちだ。

それでは「現在」とは何を意味するのか。

要するに「移り変わり」のことだ。移り変わりとは何か。ここではあおむしに登場してもらおう。

「現在」と「未来」をつなぐ線

私の娘は幼いころ、エリック・カールの絵本『はらぺこあおむし』に夢中だった。多くの2歳児がこの絵本の大ファンだ。私自身この絵本を読んだとき、小さなあおむしが美しいチョウに変身する様子は、現在から未来への移り変わりに似ているようだと思った。

そこでカリフォルニア大学リバーサイド校の昆虫学研究科准教授、山中直岐《なおき》氏に話を聞くことにした。昆虫の変態の研究を行う世界的な専門家の1人だ。

山中氏によると、科学者はイモムシがイモムシであるときと、そうでないときの区別が可能で、呼び方も変えているという。ひっきりなしに動き回り、目に入るものすべてを食べるときは「イモムシ」。動きが止まり、イモムシでもチョウでもない状態になれば「サナギ」だ。サナギの殻を破ると「チョウ」になる。

時間の区分と似ている。

時間に「現在」と「未来」という区分があることは、多くの人々が同意するだろう。それでは、現在と未来を区切るものは何だろうか？

昆虫学者はどこまでサナギでどこからチョウなのか把握しているが、心理学者は現在が未来に変わる瞬間について、明確に認識していない。現在と未来の区切りは人によって異なるからだ。

私はトロント大学のサム・マリオ教授とともに、数千人もの被験者を対象に実験を行っている。被験者にはイモムシからサナギ、チョウへの変態の過程と同様に、「現在」と「未来」そして「その間」（昆虫でいえばサナギの期間）という3つの時間がいつ切り替わるのか定義してもらった。明白な定義を持たない被験者も多く、「未来は1つのタスクが終了し、次のタスクに移るときに始まる」「現在は3日間続く」「現在が終わるのはこの奇妙な実験が終了したとき」など、さまざまな回答があった。あなたの定義はどうだろうか。自身の回答を被験者の回答と見比べてほしい。

1つだけはっきりしたことがある。「現在」の定義は人によって異なるものの、誰も答えに窮《きゅう》することはなかった。それはひとえに、私たちの生活の大半が「現在」という時間軸にとどまっているから。ゆえに私たちは「現在」に比重を置くのだ。

■「現在」と「未来」そして「その間」はどこで切り替わる？ ■

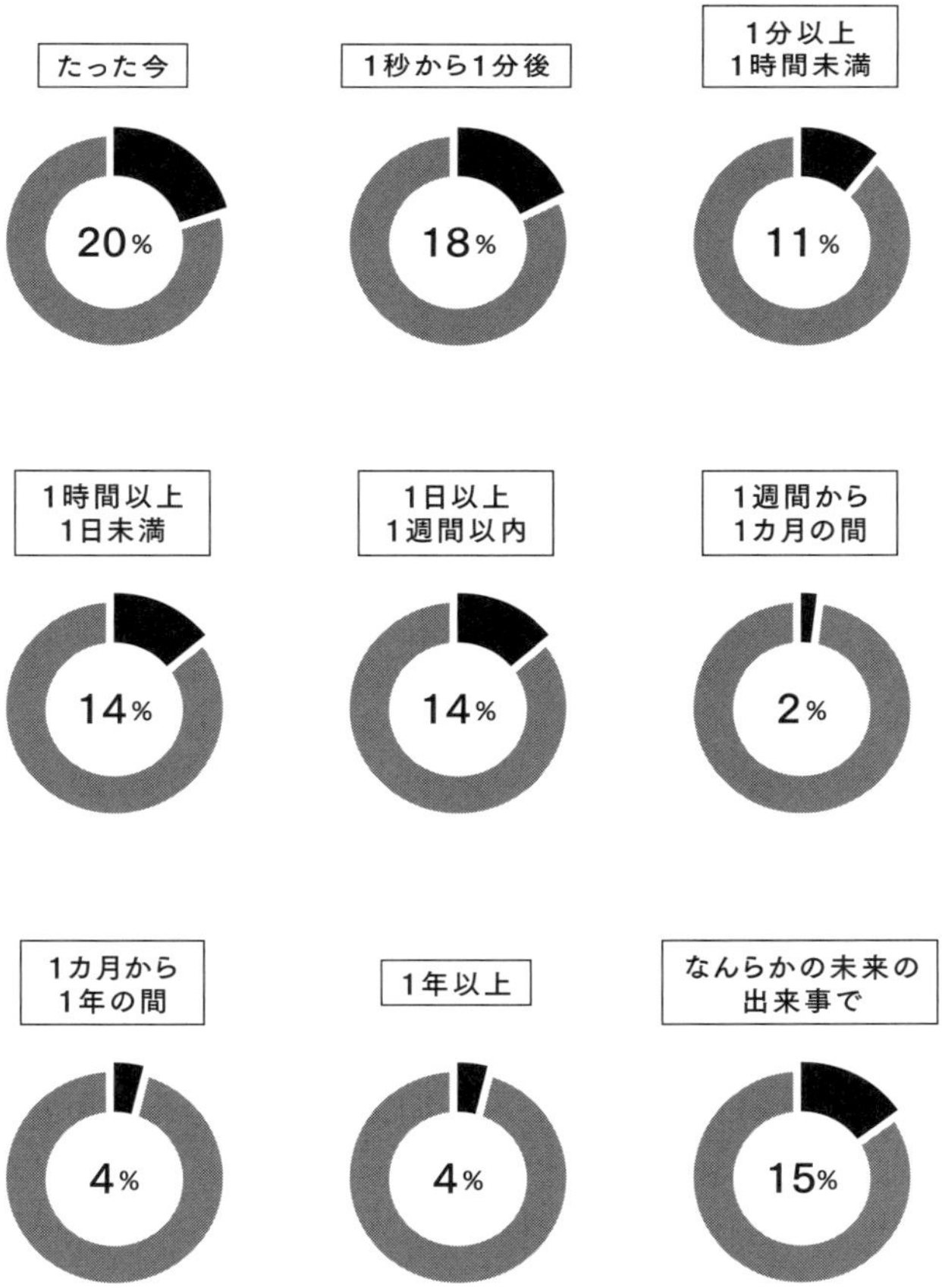

山中氏は絵本に載っていない重要な事実を教えてくれた。イモムシの背中には「成虫原基」と呼ばれる器官がある。解剖してみると小さな細胞群であり、まるでミニチュアのDVDのように見える。多くの細胞は時間とともに死に至るが、成虫原基はチョウになるとき、体のさまざまな部位として発達する。ある細胞は目や脚に、またある細胞は羽に変化する。つまりイモムシでありながら、チョウの構成器官がすでに備わっているのだ。驚くのは成虫になったチョウを解剖すると、イモムシの名残が確認できることだ。

この成虫原基に大きなカギがある。私たちは現在と未来を別物だと安易にとらえており、「現在」の積み重ねが「未来」なのだと認識できないでいる。

チョウを夢見るアオムシのように

話はマリオ教授との研究に戻る。先ほどの実験の被験者に架空の長期貯蓄口座を想像させ、自身がどれだけの金額を積み立てるか予想してもらった。

その結果「現在」という時間を特に長く定義した被験者（現在が心の多くの位置を占めている被験者）が積み立てる金額は、他の被験者の額より少なかった。**現在への比重が大きいほ**

ど未来は遠くなり、未来が遠くなるほど未来への比重は小さくなるのだ。

私たちは「今」を重視するばかりに、現在を他の時間軸から切り離し、果てしなく広がる時間帯のように扱ってしまうが、それは単純な誤りだ。「現在」というラベルが張られたそれぞれの時間は、次の「現在」へと変化していく。

私たちは果物やお菓子を喜んで食べている「はらぺこあおむし」であり、もうすぐ自分がサナギやチョウへ変化するという事実に気づいていない。変化後の自分は、今の自分とは関係ないと思っている。いざ未来の自分になって初めて、これまで準備を怠っていたと気づき、ひどく失望する。チョウになってもチョウらしいことができず、アオムシ時代の自分をひたすら後悔するのだ。

現在を優先させること、つまり飛行機に乗り遅れることだけがタイムトラベルのミスではない。現在と未来の相互関係については認識できていても、未来と未来の自分に現実感が抱けないミスもある。まるで将来バッタになると思い込んでいるアオムシのように。私はこのミスを「旅行計画が不十分なミス」と呼んでいる。詳しくは次章で解説する。

未来を描く 4 のまとめ

■ 脳内タイムトラベルの第1のミスは「飛行機に乗り遅れるミス」。現在の自分に注目しすぎるあまり、未来の自分をないがしろにするミスだ。具体的には少なくとも3つの原因がある。

■ 原因その1：現在は未来に比べてわかりやすい。ゆえにリスクの高い未来よりも可能性の高い現在に賭けるため。

■ 原因その2：現在の私たちが抱く感情は、未来の自分の感情より強固に思えるため。

■ 原因その3：現在という時間が永遠に続くように思え、忍耐力が継続しないため。

■ 私たちは現在の自分が積み重なって未来の自分になるという事実を見落としがちである。

5

先延ばし
――不十分な旅行計画

不朽の作品を遺した偉大な天才音楽家、モーツァルト。その真実の姿は、私たちが抱くステレオタイプなイメージには収まらない。

彼は毎日、何時間も練習を積んでいたか？　いいえ。

計画を予定どおりに実行したか？　いいえ。

伝記によれば、まじめどころかパーティー好き。くだらない娯楽が大好き。それがモーツァルトという人間だ。

そのため、彼が瞬く間に曲を書き終える才能の持ち主であることは、あまり知られていなかった。

１７８７年10月下旬、オペラ『ドン・ジョヴァンニ』上演の初日を翌日に控えたモーツァルトは、夜になって仲間たちと飲みに出かけた。楽譜はほぼ完成させていたものの、序曲は手つかずのまま――。

「こんなはずじゃなかった」はなぜ起こるのか

飲みに出かけた友人の1人が「初演が明日なのに、まだ完成してないだって？」と震える声で言い出した。

モーツァルトはあわてて帰宅すると作曲に取りかかった。なんとか完成させたい。しかし酔いも手伝い、睡魔が押し寄せる。そこで妻のコンスタンツェに終始話しかけてもらい、眠気を抑えたという。

驚くことにわずか3時間後、序曲は完成した。当時はもちろんコピー機もない。写譜師がオーケストラのパート譜を書き写した。楽譜が劇場に届いたのは開演のわずか数分前で、演奏開始時にはまだインクが乾いていなかったという逸話もある。そんな胃が痛むような経緯を経て、初演は無事成功。２５０年もの年月が経った今も世界中のオペラハウスで定期的に上演されている。

先延ばししてもこのような評価がもらえるのなら、どれだけいいだろう。

モーツァルトのような芸当はなかなかできないものの、ギリギリまで重い腰を上げない彼のやり方には誰もが共感を覚えるのではないか。

実際、世界の約20％の人々が慢性的な先延ばし症候群に陥っている。厳密な人数を推定するのは難しいが、ある非公式な調査によると、85％の人が先延ばしグセに悩んでいるという。

先延ばしはよくないが、それは大学生にかぎった話ではない。心理学者のフューシャ・シノワも検証しているが、日常的な先延ばしは精神的な不健康や不安、高血圧、心血管疾患など、さまざまな悪影響を引き起こす。そういう人は往々にして病院の予約も先延ばしする。健康に不安を抱えていても行動を起こさないため、さらなる悪循環に陥る。

そもそも先延ばしとは何なのか。

語源から考えてみよう。先延ばしを意味する英語「Procrastination《プロクラスティネイション》」は「明日に延ばす」という意味のラテン語「Procrastinaire《プロクラスティナーレ》」に由来する。そのままの意味だ。またギリシャ語のakrasia《アクラシア》とも概念上の関係がある。こちらは「間違った判断だとわかっていながら遂行する」という意味だ。

つまり先延ばしとは「今日できることを明日に延ばす」だけを意味するのではない。

「先延ばししながら自分自身を傷つけていることを自覚している」という意味も持つのだ。

この意味を、現在と未来の自分に照らし合わせて考えてみよう。

たとえば苦手なタスク（洗濯物をたたむことや病院の予約など）をやらないと決めたとき、私たちはネガティブな感情にふたをして現在の自分の感情を優先している。前章でも述べたとおり、私たちはある程度、現在の自分の感情に「錨を下ろして」いるからだ。しかし未来の自分だって「やりたくない」という感情を持っている。しかし現在の気持ちを優先するあまり、未来の自分の思いに気が回らなくなってしまう。

とはいえ、未来の自分について何も考えていないわけではない。物事を先延ばししても未来や、未来の自分について考えてはいる。とはいえ深く考慮するわけではないし、その方法も意義が感じられるものではない。

脳内タイムトラベルの第2のミス「旅行計画が不十分なミス」の最たるものが「先延ばし」だ。

たとえばあなたがボストンへ1週間の旅行へ行くとする。やりたいことは山ほどある。名物料理を食べたいし、古くからの文化や歴史に触れてみたい。しかし飛行機に搭乗して、はたと気がついた。ホテルの予約以外、何ひとつ計画を立てていなかったのだ。名物のクラムチャウダーぐらいならどこでも食べられるだろうが、ボストン・レッドソックスの本拠地フェンウェイ・パークや独立戦争の英雄ポール・リビアの家など、行ってみたかった場所はどこも大人気で、見学できるかどうかわからない――未来のあなたはさぞかしガッカリするだろう。

それでもボストンに行くことに変わりはない。当初の予定とは大きく異なってしまったけれど。

脳内タイムトラベルのミスもこれと同じだ。**未来について表面的にしか考えないため、意図していた未来とは違う未来にたどり着く。幸せで、健康で、経済的にも安定した未来に行きたいのに、間違った道を選択してしまう**のだ。

「先延ばし研究」のプロ

カナダのカールトン大学心理学部のティモシー・ピチル准教授は、こうしたタイムトラベルのミスについて研究を行っている。

彼は教え子だったイブ゠マリー・ブルアン・ユドンと共同で、数百人の大学生を被験者に実験を行った（大学生を対象とした実験には制約がつきものだが、この実験では課題を期限内に提出しない被験者として大活躍してくれた)。先延ばしの習慣と未来の自分に対する自覚について尋ねたところ、未来の自分に親近感やつながりを感じている学生ほど、重要なタスクを不用意に先延ばししないことがわかった。

しかし重要なのは親近感やつながりだけではない。ピチル准教授らは、被験者が未来をどれだけ鮮明に思い描いているかについても尋ねた。

たとえばこの実験で、もやがかかった日の水平線から太陽が昇る海を想像するよう指示されたとする。あなたの頭の中では、その映像はどれだけ鮮やかに描かれているだろうか。ものすごく大きい太陽を想像する人もいれば、なんの変哲もない、ただ太陽が昇っている映像をイメージする人もいるかもしれない。

その結果、鮮明なイメージを心に抱いた学生ほど、未来の自分により強い結びつきを感じており、物事を先延ばしする傾向が少なかった。

これらの相関関係には説得力がある。未来の自分を具体的に鮮明に想像できる人は、後の自分の苦労が目に見えてわかるため、先延ばしをしないのかもしれない。そういう人はボストン旅行もきっちり計画を立てる。行き当たりばったりの行動では、現地でガッカリすることが容易に想像できるからだ。

では、ピチル准教授自身はどうだろう。

「先延ばしはしませんね、ほとんどの場合！」彼は笑いながら答えてくれた。

しかし、それは彼の美徳によるものではないという。

先延ばしという行為を、現在の自分がやりたくないことを未来の自分に押しつけようとしていると認識しているからだと。

「やりたくないという思いは、未来の自分も同じ、または、ずっと強いはず。気の毒ですよね、相当ストレスもたまるでしょうから。それなら今、自分がやってあげようと思うんです」

過去の自分を許す

そんな彼が時に先延ばしをしてしまった場合、自分を許すという行為を大切にしているのだという。

彼いわく、本来、先延ばしをして苦労する羽目になった場合、その原因をつくったのが過去の自分であることを認識し、受け入れる必要がある。その上で、怠けてしまった自分を許すというステップを踏むのだそうだ。

たとえばダイニングテーブルの上に、請求書や仕分けしていない郵便物、子どもが学校から持ち帰った工作物などが積み重なっているとする。

テーブルに物が山積みになっていると、部屋全体が散らかって見える。このままだと同居人に迷惑がかかるし、請求書を放っておくと延滞料を払うことになるかもしれない。

掃除を怠ると、あとあと苦労するのは目に見えている。

以前も述べたが、こうした先延ばしが続く理由の1つは、増え続ける紙の山に関連する山積みのネガティブな感情だ。また散らかしてしまったとガッカリし、以前、何かをやり遂げられなかった経験や、人との約束を守れなかった過去を思い出す。家族にだらしない部分を見せていることも居心地が悪いし、理不尽ながら、彼らに憤りを覚えたりもする。

確かにこれはオレがつくったゴミの山だ……だけど片づけを手伝ってくれたっていいじゃないか。片づけろと口うるさく言うくせに、自分は昨日の洗濯物も置きっ放しだ（これはあくまでもフィクションである）。

こうしたネガティブな感情から逃れるためには、見て見ぬふりをするのが一番だ。テーブルも無視、掃除も無視。その結果、ゴミの山はどんどん高くなっていく。

しかし自分の失敗を認め、犯した罪を許したらどうだろう。理論上では、ゴミの山に関するネガティブな感情を減らすことができるはずだ。

自分と「向き合う力」

ピチル准教授の「先延ばしした自分を許す」という考えについては、同教授の研究チームが試験勉強中の大学1年生を対象に実験を行っている。ある学期の最初の中間テストの直後と、2回目の中間テストの直前にアンケートを送った。

1年生には次の質問をした。

「予定より遅く試験勉強に取り組んだか？」

「それほど重要ではない用事に時間を費やしたため、勉強が遅れたことはあったか？」

恥ずかしながら、私が被験者ならどちらの質問にも「イエス」と答えただろう。

結果は予想どおりだった。勉強を先延ばしにした学生は、その年の最初の中間テストの成績が悪かった。そこで研究チームは「自分を許す戦略」についても質問した。学生はどれだけ自分を悪く言い、勉強を怠った自分を責めたのか。そしてどこまで自分を許したのか。

その結果、自分への許しはピチル准教授のみならず、生徒にも効果があることが判明した。勉強しなかった自分を許したことで、次の中間試験にはネガティブな感情を捨てて臨んだ。先延ばしが減り、中間試験の成績もアップ、という結果につながった。

注意したいのは、日々の生活の中で他人の謝罪を受け入れて許す行為はそう簡単ではない、ということだ。それは自分に対しても同じである。

大切なのは謝罪の伝え方だ。言葉を間違えると相手に受け入れてもらえない。過去の自分の過ちを受け入れ、自分に謝罪するときも、やり方しだいでは効果が表れない場合もある。

たとえば車の接触事故を起こしたとする。

「申し訳ありません。私が不注意でした。誠心誠意の対応をさせていただきます」というのと「すみません、ぶつけちゃいました〜。月の満ち欠けのせいでメンタルが乱れちゃって」。

さあ、どちらの謝罪が効果的だろう。たとえ人間行動学のエキスパートでなくても、前者のほうが人の気持ちに沿うものであると考えるだろう。

先延ばしした自分を許してしまったとしても、自分の責任を真摯《しんし》に受け入れなければ、原因を解決する機会がムダになってしまう。心理学者のマイケル・ウォールとケンドラ・

マクラフリンはこれを「**エセ自分許し**」と呼んでおり、先延ばしが直らない可能性が高いと語る。

よりよい人生にしたいのならば、過去の過ちを真正面から見つめる必要がある。ダイニングテーブルが散らかっているのは月の満ち欠けのせいではないし、他にやることがあるからでもない。やりたくないからやらないだけ。すべては自分の責任だ。

つまり、**先延ばしは過去の自分、現在の自分、そして未来の自分との戦い**だ。そして、その原因の1つは、私たちが「旅の計画を立てるのが下手」だからだ。未来の自分について考えていないわけではないのだが、**考えが浅かったり、重要でないことばかり考えたりしていて、結果につながらない**のである。

「将来の私ならやってくれる」のワナ

誰もが、先延ばしをした経験があるだろう。「もっと早く始めればよかった」という経験が何回か続くと、先の苦労を想像できるようになり、自分で自分の首を絞めていると実感する。

そう思うのならさっさと着手すればいいのだが、なかなかそれができない。なぜだろうか。

不思議なことに、私たちは**未来の自分が抱く感情は今の感情に比べればそれほど強くないと見なす傾向がある**からだ。

こんな実験がある。宝くじで今20ドル当たるのと3カ月後に当たるのと、どちらがうれしいか被験者に質問した。

誤解のないように言っておくと、これは「今お金が欲しいか、後で欲しいか」という行動経済学がらみの実験ではない。ここで問われているのは、同じ額のお金を今受け取る場合と後で受け取る場合、それぞれの幸福度である。

本来この2つに差はないはずだ。今日受け取るのが80%の喜びなら、3カ月後だって80%分の喜びだろう。

理論上はそのはずだが、結果はそうならなかった。被験者は3カ月後より今のほうがうれしいと答えた。将来宝くじが当たっても、今ほどはうれしくないというのだ。

こうした傾向が、先延ばしにつながっていることは容易に想像がつく。タスクを押しつけられれば、未来の自分が嫌がるのは十分承知しているはずなのに、未来の自分はそれほど苦労しないから大丈夫だと思いたがる。

「先人の知恵」が何よりも重要

未来の自分の感情をシミュレーションしたり思い描いたりするのは難しい。しかも私たちはその難しさを自覚すらしていない。自分の気持ちを把握できていると思い込んでいる。

この傾向を証明するために、ハーバード大学の心理学者が「スピードデート」の実験を行った。スピードデートとは初対面の人々が1対1で、できるだけ多くの相手と話をし、恋人を見つけるイベントだ。この実験では、まず1人の男性が部屋に入り、自分のプロフィールに写真を添えた「デートプロフィール」を作成した。

次に女性1人が入室して、この男性と5分間デートをした（この実験は異性愛者を自認する人々を対象に行われた）。会話終了後、女性は男性との会話をどれだけ楽しんだか、「ファーストデートレポート」と称する簡単なレポートに記入した。

その後、複数の女性が男性と会話をすることになるのだが、この実験がおもしろいのはここからだ。女性を2つのグループに分け、事前にデートの予測をしてもらった。

1つ目のグループは男性が記入した「デートプロフィール」に目を通し、男性との会話がどれだけ楽しいものになるかシミュレーションする（その後、男性と対面）。

もう1つのグループは女性が記入した「ファーストデートレポート」を読み、男性との対面について予測する。後者のグループにとって先ほどの女性はいわば「代理人」であり、代理人のレポートを読んでデートの戦略を立てることになる。「デートプロフィール」も「ファーストデートレポート」も、対面した2人の経験をもとに作成されている。参考にならないはずがない。

とはいえ、両グループのスタンスは大きく異なる。ここが重要なのだが、前者のグループは、男性のプロフィールを参照して、独自でデートをシミュレーションしているのに対し、後者のグループは女性、つまり代理人のレポートを頼りにデートを予測している。さてあなたはどちらの方法を選ぶか。

もしあなたが自力で予測するというのなら、あなたは75％の中の1人だ。被験者の4分の3が、代理人女性のレポートよりも自分のカンを信じると答えた。人は他人の意見を軽視し、自分の意見を重要視するようだ。

しかし実際にはどちらの予測が当たっていたかというと、代理人のレポートを読んだほうだった。しかも僅差ですらなかった。女性がどれだけデートを楽しんだかについては、代理人女性のレポートにもとづいて立てた予測は、自身のシミュレーションによる予測の

2倍の正確性を誇ったのだ。

「何かに心を奪われ過ぎる前に、まず、それをすでに所有する者たちがどれだけ幸せか調べてみよう」

スピードデート実験を主催した心理学者のダニエル・ギルバート教授は、17世紀の作家フランソワ・ド・ラ・ロシュフコーのこの言葉からヒントを得たという。何が言いたいかというと、**未来についての予測は、同じ経験を経た者から得られる**ということだ。

「でも私は他の人とは違う」と反論する人もいるだろう。確かにそのとおりだ。人はさまざまな点で人と異なる。とはいえ生理的な反応は似ている。

私たちの多くは、寒さよりも暖かさ、空腹よりも満腹、そして敗北より勝利を好む。アイスランドでも中国の出身でも、基本的な反応は似ているはずだ。

ゆえに他者や代理人のアドバイスは大きな威力を発揮する。人間の苦痛と快楽の源は似ているため、**起こり得る出来事を予測するには、他人の経験が大いに役立つ**。ことに似た者同士なら、なおさらだろう。

カリフォルニア大学ロサンゼルス校の博士研究員ポラス・カンバッタ氏が、最近の研究で、この洞察に現代的な手法を加味している。彼の研究チームが数千人の被験者にいくつかの記事を読ませ、記事がどの程度役に立ったか評価させた。

一方、人工知能のアルゴリズムにもこれらの記事を学習させた。このアルゴリズムがあなたや被験者の共通点を見つけ出し、あなたに合った最良のアドバイスを生成するクラウドソーシング型のプログラムだったら——と考えてみてほしい。

研究の結果、この人工知能の「代理人」は、スピードデート実験の「代理人」女性と同じように、人々の記事に対する反応について優れた予測を行った。実際に、多くの企業がすでにアルゴリズムを採用しており、読者がどんな記事を好むのか予測している。ただしどの記事を読んで気分がよくなったか、記事を読むことで時間を有効に使えたかどうかについては、予測していない。

この実験では、アルゴリズムはメディア消費の予想に利用されたわけだが、これだけの性能をもってすれば、他の重要な意思決定についても予想が可能だろう。どこに住むか、どの大学に進学するか、年金積み立てや医療保険はどれが最適か、さらには誰と結婚するかまで、予想できるはずだ。現実離れした、斬新なファンタジーだと思うかもしれないが、カンバッタ氏は私にこう述べている。

「重要な決断を下す場合、その人にとっては初めての岐路かもしれないが、幾多の人々がすでにその経験を積んでいる」

ゆえに他者の意見は価値がある。**友人や隣人、見知らぬ人々の経験に頼ることで、未来への予測は、たとえ近い将来でも、はるか先のことでも、より有効なものになるかもしれない**のだ。

この考えに抵抗感を持つ人も多いだろう。カンバッタ氏はこう述べる。

「人間は自分自身を唯一無二の存在だと思いたがります。自分の人生が予測可能だなんて認めたくないでしょう。確かに我々はそれぞれ違いますが、他人の経験から学べることは山ほどある」

さらにビッグデータという存在もある。現代やその前の時代を生きる人々には類似点があるという事実を利用した大規模なデータだ。これを活用すれば予測可能な行動パターンが特定できるはずである。最終的に未来の自分についてより満足のいく選択ができるようになるだろう。

他人のアドバイスは、それほど効果があるものなのだ。

私たちは先を見通そうとする気持ちはあるが、遠くの景色は十分に見えない。それなら**アドバイスを受ければいいのだが、自分の力を過信しているので、それができない**のだ。

前述したように、先延ばしは「旅行計画が不十分なミス」から生じる失敗の1つだ。しかし失敗は他にもある。

それは何か。それについて解説するために、すべてに「イエス」と答え続けた男を紹介しよう。

「イエスと答え続けた男」の末路

ダニー・ウォレスは20代半ばで、その年ごろにありがちな悩みに直面していた。つき合っていた彼女に振られ、仕事にはおもしろみを感じない。彼はしだいに自身の殻に閉じこもり、人との集まりや交流を避けるようになった。

1人で過ごすこと以外、何も望まなかった彼は、ありとあらゆる言い訳をひねり出し、人からの誘いを断った。数カ月も経つと、彼は「ノー」しか言わない「ノー・マン」と化していた。

しかし、ある日の夕方、転機が訪れる。ロンドンの駅で地下鉄が来るのを待っていると「車両故障のため運行中止」のアナウンスが流れた。乗客は不平や不満を口にしながら駅のホームを後にした。

駅を出て代替バスの停留所に向かう途中、ダニーは乗客の1人と言葉を交わし、それがきっかけで、人生のさまざまな悩みを打ち明けた。「僕の人生、最悪なんです」あごひげを生やしたその男性は黙ってダニーの話を聞いていたが、「もっと『イエス』と言ってみたらどうだい」と、さりげなくアドバイスしてくれた。

そこでダニーは彼の言うとおりにした。とりあえず1日だけのつもりで。

しかし、さっそくおかしなやり取りが生じた。二重窓の無料見積もりを勧めるセールス電話に「はい、お願いします！」と返事したが、彼の家の窓はすでに二重窓だった。そう告げると、会話は非常に気まずいものになった（セールスマンは「それならなぜ『イエス』と言ったんですか？」と言って電話を切った）。

やがてこの小さな試みは、大きな挑戦へと変わっていく。ダニーは地下鉄で出会った男性からの「もっとイエスを」というささやかなアドバイスに対して、真剣に取り組むことにしたのだ。「もっと」ではなく「全部」イエスと答えたら人生はどう変化するのか、5カ月半にわたって挑戦した。

5カ月半の間にはさまざまなことが起こった。13年落ちのミントグリーン色の日産車を買う羽目になったり（「乗ってみたら、おもちゃの車を運転するG・I・ジョーみたいだった」とは本人の弁）、スクラッチの宝くじで2万5000ポンド当てたり（と思ったら削りすぎて無効）、詐欺メールに対応したり。ここまで読んで思い当たる方もいるだろう。ジム・キャリー主演の映画『イエスマン〝YES〟は人生のパスワード』(バジリコ)の原作はダニーの回想録だ。

あまり知られていないのだが、心理学者は自身の研究結果におもしろい名前をつけることがある。

イェール大学でマーケティング学を教えるギャル・ザウバーマン教授とコロラド大学ボルダー校のジョン・リンチ教授は「イエス」と答えたものの後で後悔する傾向を「イエス↓しまった！　案件」と名づけた。ぴったりのネーミングだ。

「イエス」と引き受けておきながら「しまった！」と後悔する経験は、誰でも覚えがあるだろう。

「ノー」を選択肢から排除したせいで、あらゆる状況下で「イエス」と答え続けることになり、その結果クレジットカードの負債を抱えたり、バーで殴られそうになったり、抗うつ剤や育毛剤の処方せんなど、必要のないものを購入する羽目になる。

とはいえ「イエス↓しまった！　案件」は必ずしもそうした直接的な(あるいは愚かな)結果をもたらすわけではない。

最近あなたが受けた頼まれごとは何だっただろうか。職場でプレゼンをするとか、子どものサッカーチームのコーチをするとか、つき合いの浅い友人の誕生日パーティーに行くとか、さまざまな約束があるだろう。

スケジュールは真っ白なので、それなら大丈夫だろうと思い「イエス」と答える。しかし予定が近づいてくるにつれ、あまり時間がないことに気がつく。頼まれごとよりも、自分の用事をこなしたいと思うようになる。

それが「イエス↓しまった！　案件」だ。

ザウバーマン教授が説明してくれたが、私たちは3カ月後になにも用事がないと思っているわけではない。ただ、今よりは時間が空くだろうと思っているだけだ。しかし、そのうち、未来は時間無制限の魔法の国だと勘違いするようになる。

実際、同教授がある研究で自由になる時間について10段階で評価する調査を行ったところ（1＝現在十分な時間がある、10＝1カ月後に十分な時間がある）、被験者の回答は平均8・2だった。

そうした錯覚の原因の1つとして挙げられるのが、メールへの返信や会議、同僚や友人との約束、近所づき合いなど、日々の中で数分、数時間を費やす細々とした用事だ。思いつくまま挙げれば他にもあるはずだが、今も未来もこうした小さな用事が思いがけず飛び込んできて、私たちの時間や労力を消費する。

問題は、私たちがこうした細かな用事を予測するのが得意ではないということだ。先延ばしのときと同様に、未来について考えているつもりが、現実的には見ていないのだ。

とはいえ「イエス」という答えが必ずしも間違いだとは言い切れない。ダニーは言う。

「『イエス』はチャンスの言葉だ。イエスのひと言で楽しみや冒険、予期せぬことが転がり込む。なぜなら1つの『イエス』が別の『イエス』につながるから。まるでドミノ倒しのように」

あるプロデューサーの運命の出会い

ダニーが、映画『イエスマン』のプロデューサーの話をしてくれた。

ロサンゼルスで撮影をしていたとき、そのプロデューサーがあるパーティーに誘われたのだという。しかし、彼女はあまり気乗りがしなかった。会場が車で1時間以上も離れており、家を留守にしてわざわざそんな遠い場所へ行く必要があるのかと思ったそうだ。

しかし、彼女は「イエス」と答えた。

「せっかく『イエス男』の映画を撮っているんだから、パーティーに行ってみよう」

そうはいっても会場ではただ座っていただけで、誰とも大した話をしなかった。しかし宴《うたげ》も終わりに近づいたころ、テーブルについて「1920年代に活躍した、かなり昔に亡くなった当時若手だった女優の話」（あるいはその手の話題）をしていたとき、どこからともなくハスキーな声で「そういう話をしたかったんだ、君みたいな女性と」と言う声が聞こえてきたのだそうだ。

それはいかにもハリウッド的なロマンスだった。なんでもイエスと言う男の映画を制作していた女性がパーティーで男性と出会い、ハリウッドの話をしているうちに恋に落ちたのだという。しかも、2人は結婚して今は子どももいるのだ。

彼女がイエスと言わなければ、こんな結末に至らなかったはずだ。

「イエス」は厄介な言葉だ。ひと言「イエス」と口にすれば、閉まりそうになるドアを開けておくことができる。その反面、未来の自分に過度のストレスを与え、ダメージを与える可能性もある。

その点「ノー」は、ダニーも指摘するとおり「自分や時間を守る盾のように強力な言葉」だ。そして「イエス」と言えば人生が変わるとはかぎらない。

「将来のパートナーに巡り合えるパーティーに行く可能性もあれば、つまらないパーティーに行く可能性だってある」とダニーも言う。結局のところ、どんなパーティーに行ってもパートナーに出会える可能性は半々、いや、出会えない確率のほうが高いのだ。

トロント大学でマーケティング学を教えるディリップ・ソマン教授は、こうしたジレンマを認識した上で、自分の生活に「ノー↓やった！　効果」を取り入れていると教えてくれた。何かを約束する際には「イエス↓しまった！　案件」を念頭に置き、自分の負担になりそうなものには「ノー」と言う。

ここからがおもしろいのだが、カレンダーにその約束を記入し「同意せず」と書き添えておく。そして約束の日が近づいてきたら、改めてカレンダーを確認して「やったー！」と叫ぶ。**断っておいてよかったと思い、自由な時間を享受する喜びをかみしめる**のだという。

それではどうやって「イエス」と「ノー」を使い分ければいいのだろう。こればかりは簡単に決められないが、ダニーのアドバイスが素敵だったので紹介しよう。

「相手を幸せにし、なおかつ自分の幸せにしわよせが来ないのなら『イエス』と言うのがいい」

他人の幸せが自分の幸せよりも圧倒的に優先される場合、あるいは自分の計画をおろそかにするクセがある場合は「ノー」と言ったほうがうまくいく。

もちろん、状況に応じて判断すべきだとは思うが。

私たちは「旅行計画が不十分なミス」に翻弄され続ける。未来の自分について考えを巡らせるものの、あくまでも表面的な部分しか見ていない。

計画ミスをより広い視点から捉えると、自己認識の問題に突き当たる。未来の自分に何かを課す場合、自身の幸せを2つの側面から考えてみてほしい。

1つは、それを課すことで未来の自分に重荷やストレスを与えないか。

もう1つは、今やらないことを未来の自分に託せば、どんな効果が生まれるか。どちらも先延ばしと「イエス↓しまった！　案件」に通じる問題だ。

さて、次の章では現在の自分の感情を優先し過ぎるあまり、未来について十分に考慮できないパターンを見ていこう。

たとえるなら、旅行前に「着ない服をパッキングするミス」である。

未来を描く 5 のまとめ

■脳内タイムトラベル第2のミス「旅行計画が不十分なミス」は、未来について考えるものの、うわべしか考えていないミスだ。

■先延ばしはその典型的な例。未来の自分の気持ちが想像できないため、今の自分と同じくらい、未来の自分もその仕事から逃れたいと思っていることに気がつかない。

■「イエス↓しまった！　案件」はもう1つのミスである。安易に約束をしてしまい、未来の自分がどれだけ後悔するか予測できない。

6

勘違い——着ない服をパッキング

今は2月。シカゴに住むあなたは、これから暖かいフロリダに旅立とうとしている。

シカゴの冬は厳しい。でも、フロリダは温暖だから、薄手の服装でいいだろう。いつも着ている厚手のコートは置いていこうと思う。でも夜は冷えるかもしれないな……。

そこであなたはスーツケースにセーターを1枚、2枚と詰め込む。長袖のシャツと薄手のジャケットもついでに放り込む。もちろんフロリダは暖かいけれど、用心するに越したことはない。荷物が1つ増えたっていいじゃないか。

さてフロリダに到着した。飛行機を降りるやいなや、暑さと湿気に圧倒される。なんと摂氏28度！　こんなに暑いのなら、機内持ち込み用のバッグだけでよかった……。

今シカゴが寒いからといって、これからずっと寒いとはかぎらない。未来の自分について予測する場合、今の感覚を重視しすぎるのは危険だ。結局のところ、人間は気分屋なので今の感覚が長続きすることはない。「着ない服をパッキングするミス」は、今の感覚に比重を置きすぎるあまり、未来が今と同じではないかもしれないのに、今の自分の感覚を投影してしまうことを意味する。

時差ボケの苦痛は経験しないとわからない

カーネギーメロン大学の行動経済学者ジョージ・ローウェンスタイン教授は、世代をけん引する経済学者の1人だ。ノーベル経済学賞の受賞者を予想する人々の間では、毎年のように彼の名前が挙がる。一方で、時間があれば登山やランニング、カヤックにも挑戦するワイルドな冒険家でもある。

以前はピッツバーグの自宅のそばにある大きな丘が、お気に入りのジョギングポイントだったという。地元を流れる川を起点に150メートルほど駆け上がる。頂上にたどり着くときには「ヘトヘトで限界だよ」。

しかし、30秒も経たないうちに再び丘を駆け降り始めると、「大したことなかった」ように思えてくる。疲労も苦痛もいつしか消え、一瞬で過去になる。上りは強烈な苦痛を覚え、下りは記憶を消し去る、魔法のような丘なのだという。

そのころの彼は、時差のある国や地域から、セミナーの招待を頻繁に受けていたそうだ。海外に行けるのはうれしかったし、その土地に住んでいる旧友との再会や出会いも楽しみだった。だから誘われればたいていは応じた。

しかし不思議なことに、旅先でそうした誘いを受けると、断ることが多くなった。時差ボケがつらすぎたからだ。「時差ボケのつらさは体験してみないとわからない」と彼は言う。

ジョギングと時差ボケ――この2つの経験をもとにローウェンスタイン教授は仮説を立てた。「情動的な状態でないときは、情動的になったときの自分の感情や行動を予想するのは難しい。しかし情動的な感情に支配されているときには、その感情に支配されていない自分を想像するのが難しい――これまでも、これからも、同じ状態にあると感じる」

つまり、こういうことだ。「空腹時に買い物をするとついつい散財して落ち込む。すると永遠に落ち込み続けるような気になるんだ」

「着ない服をパッキングするミス」には2つの原因がある。1つは、**現在とは異なるであろう未来の心の状態を、現在の心で判断してしまう**こと。

そしてもう1つは、**さほど感情的でない状態に心の錨を下ろしている場合、未来の自分が経験しうる強い感情を理解できない**ことだ。

同教授のチームがこんな研究を行っている。解毒治療としてブプレノルフィン（麻薬置換療法剤の一種。離脱症状を軽減する安全な薬）を定期的に投与しているヘロイン依存症患者に、ブプレノルフィンの追加投与かお金の受領、どちらかを選択させた。

その結果、定期投与の直前に（つまりもっとも離脱症状が強いとき）追加投与の選択をした患者の数は、定期投与直後に（離脱症状が緩和したとき）追加投与を希望した患者の2倍にのぼった。

離脱症状が強いときには当然薬が欲しくなるものだが、追加投与は5日後と決まっており、そのころには離脱症状は落ち着いているはずだ。それにもかかわらず、患者は追加投与を希望した。

ローウェンスタイン教授と共同研究者のマシュー・ラビン教授、テッド・オドノヒュー教授は、この傾向が依存症患者のみならず、現在の意思決定が未来に影響をもたらすさまざまな事例に適用されると見抜いた。

未来の感情や衝動ではなく、現在の感情や衝動にもとづいて判断を行うこの傾向を、3氏は「プロジェクション・バイアス」（投影バイアス）と命名した。現在の状況を未来に投影して決定を下し、その決定が実際に効果を表すころ、果たしてどんな状況なのかについては、まるっきり無視する傾向を意味する。

現在と未来の精神状態が異なることは承知している。それなのに未来にもとづいた意思決定ができず、間違った判断を下してしまう。

空腹時にスーパーに行くと買い物をし過ぎるのもそれが原因。現在は気持ちが落ち込んでいるけれど、そのうち元気になる――そうわかっているのに気持ちが追いつかず、一時的な感情に従って買い物をしたり、人生の重要な決断を下したりするのも、プロジェクション・バイアスのせいである。

「着ない服をパッキングするミス」は、他のタイムトラベルのミスとどう違うのか。

「飛行機に乗り遅れるミス」は、現在を重視しすぎて未来をまったく考えていないミス。

「旅行計画が不十分なミス」は、未来についてある程度考えているが、深く考えていないミスだ。

そして今回の「着ない服をパッキングするミス」は、**将来について考えているにもかかわらず、現在の感情にもとづいて決定を下し、あとで後悔するミス**である。

現在、素敵だと思っている恋人も、別れれば「大したことなかった」と思うかもしれないのだ。

天気によって車の売れ行きが変わる最大の理由

プロジェクション・バイアスは誰もが犯す人的ミスだ。だから単なる現象としか受け止められていない。生活の一部であり、修正できるとも思われていないはずだ。次の事例は私もよくやるプロジェクション・バイアスの典型的な例だ。

あなたの同僚が主催する会議が来週開かれる。多くの人に出席を請うため、同僚はおやつを用意するという。しかも皆の好みに合わせていくつか種類を揃えてくれるそうだ。「君の好きなものを用意するから、何がいいか教えてくれ」と彼から電話を受けた。

選択肢はヘルシーなもの（リンゴやバナナ、ブルーベリー）から、そうでないもの（ポテトチップス、チョコバーやピーナッツチョコレート）まで、さまざまだ。

彼がこうした選択肢を知らせてきたのは、ちょうど空腹感が襲ってくる夕方の時間帯。さてあなたなら何を選ぶだろうか？　会社員を対象に実際に実験を行ったところ、ジャンクなおやつを選ぶ人が圧倒的に多かったという。

人は空腹感に襲われると、この先も空腹かもしれないと不安になる。その結果、未来の自分の腹をも満たすと思われるおやつを選ぶ。

しかし、昼食直後に同じ実験を行ったところ、満腹状態にある会社員はリンゴやバナナを選ぶ傾向があった。

人は自動車を購入する際にも似た行動を取ることが知られている。その結果、天候によって売り上げに変化が生じる。たとえば温暖で晴れた日が続くと、オープンカーが多く売れる。その逆もしかりで、吹雪で積雪が30センチになるとその後2～3週間は四輪駆動車の売れ行きが6％アップするという。

こうしたプロジェクション・バイアスのパターンは、リンゴとチョコバー、オープンカーと四輪駆動車といった選択のみならず、人間関係や仕事の現場でも見受けられる。たとえば、韓国では2008年、離婚熟慮期間制度が義務化された。夫婦が離婚を申請してから成立するまで、少なくとも数週間の待機時間を設ける制度だ。効果はあったらしく、その後の離婚率は大幅に減少した。

離婚への思いは、自身が抱く強い負の感情と、今後もそうした感情から逃れられないという思いが相まって、ますます高まっていく。実際、韓国ではその後も離婚の申請率じたいは減少していない。しかし一定の冷却期間を置くことで、そうした感情は薄れていくのかもしれない。

大学生の必修科目の時間割という一見些細なことが、将来の重要な決断に影響を与える場合もある。アメリカの陸軍士官学校の士官候補生約2万人を17年間にわたって調査した結果がある。

ある必修教科を専攻する候補生を早朝（午前7時30分）の授業と、同日の午後の授業にランダムに割り当てたところ、候補生が早朝の授業で必修科目を受講する確率は遅い時間の授業に比べて約10％低いことが判明した。つまり**早朝の授業を割り当てられた候補生は、その必修教科を学ぶ意欲が低下した**ということだ。

それはなぜか。早朝、まだ目が覚めていない状態で経済学の基礎講座を受講する候補生は、**自身の眠気と疲労を教科への苦手意識と取り違え「この科目は自分には向いていない」と判断する**のだと思う。本来ならカフェインを摂ったり、前日に早めに就寝したりするべきところを「経済学はつまらない」と結論づける。

この研究を行った研究者の1人で、カリフォルニア大学ロサンゼルス校の筆者の同僚でもある行動決定学のカリーム・ハガグ助教は、大学の教科の選択は取るに足らない問題ではなく、人生のさまざまな成果を決定づける重要な要素だと語っている。

「大学でどんな授業を受講するかは、キャンパスライフの楽しさのみならず、生涯年収にも影響するような重大な選択です。しかし人は一時的な感情によって、今後の行動を決めてしまう」

スタートの好調がなぜ維持できないのか

ここであえて異を唱えてみたい。プロジェクション・バイアスは本当にミスなのか？未来の自分が何を好むのか、想定が難しいケースは山ほどある。それなら今の自分の感覚に頼らざるを得ない。それは仕方ないことではないか。

その答えは、プロジェクション・バイアスにどの程度関与しているかによる。今現在の状況を著しく未来に投影した結果、未来の自分が後悔したり、不公平だと思ったりすることになれば、問題は山積する。

マイアミ旅行の話を例に挙げると、スーツケースに冬服を詰め過ぎたことじたいは問題ではない。荷物を増やしたばかりに追加料金を支払う羽目になり、水着やTシャツをあまり持ってこられなかったこと、それが問題なのだ。

経済学者のマーク・カウフマンは、**現在の状況を未来に投影し過ぎることが、仕事にお**

ける時間管理のミスにつながるという仮説を立てている。

会社でおもしろそうなプロジェクトを引き受けたときの気持ちを想像してほしい。現在抱えている仕事は予定より遅れているし、正直なところどうしてもやりたかった仕事ではない。しかし新しい仕事が飛び込んできたことで、ある種の楽観的な気持ちが生まれる。仕事を成功させようという一時的な意欲に満ちあふれるからだ。

こういう場合、最初は多くの時間を割いて仕事に取り組むものだ。カウフマンは翌日に中間試験を控えた大学生になぞらえて、この状況を説明している。その朝すっきりと目覚めた彼は、今日はテキスト8章分を復習すると意気込んでいる。最初はすいすい読み進め、1章を約2時間のペースでこなしている。「完璧だ。これなら明日までに全部終わらせられる」

しかし、ここでプロジェクション・バイアスが発動する。当初の楽観的な気持ちや熱意が途切れてくる。夕方になれば飽きてくるし、お腹も減る。勉強ははかどらず、1章を読み終えるのにより多くの時間を費やすことになる。結局、8章すべてを復習することができないまま、試験を迎える。

つまり、**初期の段階で奮起し過ぎると、締め切りが近づくにつれて馬力も時間も足りな**

くなるのだ。

現在の状況を未来に過剰に投影し過ぎることで、より有害な結果をもたらす可能性もある。ノースウェスタン大学ケロッグ・スクール・オブ・マネジメントのロラン・ノルドグレン教授の研究グループが、こんな実験を行っている。

学生を2つのグループに分け、1つのグループには数字の羅列を20分で記憶させ（過酷な作業だ！）、もう1つのグループには簡単な数字を2分間で記憶させた。

その直後、全員に現在の疲労感を確認し、今後予想される疲労への対策、そして今学期の最終週で終わらせなければならない学習の量を尋ねた。その結果、疲労の少ない学生（数字を2分間しか眺めていない学生）は今後の疲労回復に自信があると回答し、その結果、勉強を後回しにする選択をした。

するとどんな結果が生じたか。疲労の少ない学生は、後に自分がどれだけ疲労するか想像できない。現在の自身の体調を過信していたため、今後の疲労感を鮮明にイメージできなかったのだ。その結果、ギリギリまで無理をして勉強する羽目になった。

現在の状態が今後も継続されると過信する傾向は、学生だけに見られるものではない。

4カ月間の禁煙に成功し、自制心に自信を持つようになった人は、喫煙者の友人と行動するなどの誘惑に身をさらす傾向が見られ、その結果、再び喫煙を始めたという例もある。

私たちは「感情抜き」で将来の行動を決めることが多い。

今の彼氏とは幸せないい関係を保てているんだから、ちょっとくらい元カレとお酒を飲みにいってもいいじゃない？

会社の休憩室にケーキが残っていると同僚からＬＩＮＥが届いた。ダイエット中だけど一応行ってみるか。

禁煙中だがタバコは捨てないで取っておこうか。

自分の自制心について感情抜きで判断すると、密会やケーキやタバコがどれだけ魅惑的か十分把握できない。そして皮肉なことに、その誘惑にさらされると、見事に負けてしまう。

「元禁煙者」を研究したノルドグレン教授は、あるインタビューでこう語っている。

「我々の感覚や感情は、行動の形成において並外れた力を発揮する。しかし、それによってどれだけの変容がもたらされるのか、理解するのは非常に難しい。我々はその脅威を過小評価し、結果、自身を危険にさらしてしまう」

しかもプロジェクション・バイアスには、その時々の自身の感情のみならず、性格や好き嫌いについての一般的な認識から生じるミスも存在する。

「推し」に会うためなら

皆さんには昔、大ファンだった歌手やバンドはあるだろうか。特定のミュージシャンを夢中で応援した経験があるだろうか。

20代半ばの私が応援していたのは、ボストンを拠点とするバンド「ガスター」だった。自分の推していたバンドを告白するのは少々恥ずかしいが、ポップで心地よい曲とワイルドな雰囲気のアルバムジャケットが印象的な、90年代後半を象徴するバンドだった。ガスターの存在しない世界など考えられず、家にいるときには常に曲をリピート再生していたし、コンサートに行くためなら、預金残高がゼロになってもかまわないとすら思っていた。

現在。私のテイストは少し変化している。スポティファイでは「ザ・ナショナル」の再生回数が一番多い。ロサンゼルスを拠点としたバンドで、少しダークで陰影を感じさせるサウンドが特徴だ。

つい数年前、90年代の元推しバンド、ガスターが自宅から車で30分ほどの場所でライブをやっていることに気がついた。最近めっきりご無沙汰だったが、昔を懐かしみながら聴くのもいい。しかし、チケットが1枚40ドルと聞いたとき、不覚にも「高い」と感じた。妻と2人で80ドルとなると……うーん、ちょっとどうだろう……。

私が何を言いたいかというと、ガスターの熱狂的なファンだったころは、彼らのコンサートのためなら大金を払ってもいいと思っていたし、これからもそうだと信じていた。それが今ではどうだろう。

ガスターは私の音楽史の隅に追いやられ、その代わりに他のバンドがナンバーワンの座に君臨している。今のところ、この気持ちが変わるとはとても思えない。確かに過去の好みは変わったが、現在のこの思いが変わるなんて、想像がつかない。

皆さんもどうだろう。たとえ好きだったバンドがなくても、子どものころに乗り回していた高価なスケートボードは、今どこにあるだろう。今も特撮ヒーローやセーラームーンのファンだろうか。黒光りするドクターマーチンの靴を今でもはいているだろうか。

自分の興味や好みを未来に投影する傾向については、バルセロナのESADEビジネススクール研究者、ジョーディー・クウェイドバックのチームがある実験を行っている。ベルギーの人気番組のウェブサイトの閲覧者に、10年前に自分の性格（新たな体験への開放性、誠実性、外向性、協調性、情緒不安定性）をどう評価していたか質問した。

10年後、自分の性格がどう変わるか予想できるだろうか。

もし「過去の自分に変化はあったが、10年後の自分はそれほど変化していない」と予想したのなら、あなたは大多数派だ。実験の結果、若者や中高年、それより上の世代も含めた1万9000人以上の回答が一致した。**「過去の自分と現在の自分は、性格や価値観に顕著な変化があったが、未来の自分はそれほど変わっているとは思えない」**と答えたのだ。

その後の追跡調査では、現在好きなバンドが10年後に開くライブに行くためなら、昔好きだったバンドのライブに今行くよりも約60％多く代金を払うという結果が出た。現在好きなバンドの演奏を10年後に見るためなら、多めに代金を払ってもかまわないというのである。

こうした傾向は仮説にもとづく質問に限定されるものではない。クウェイドバック氏の研究チームが30年以上にわたって行った実験では、数千人ものアメリカ人が、自分の人生の満足度が最終的にどう変化するかについて、最小評価していることが明らかになった。

歴史の終わり幻想

この現象は「**歴史の終わり幻想**」と呼ばれている。**現在の自分は、かつての自分が進化した結果だと認識しているにもかかわらず、今後の自分は変わらないと考えること**をいう。

この論文の執筆者の1人、心理学者のダン・ギルバート（5章で紹介したスピードデートの研究にも携わっている）は若いころ、自身の人生は20代から30代にかけて変化し、30代に入るとその変化が穏やかになり、40歳以降は「自分でも気がつかないほどのわずかな変化になる」と予想していたそうだ。

40歳にもなれば「到達感」のようなものがあり、人として完成するのだと思っていたそうだ。しかし振り返ってみると、そんなものではなかったという。

「64歳と54歳は44歳と54歳より違います。いろいろな意味で」と彼は述べている。過去に大きな変化を経験したにもかかわらず、その変化が未来にも訪れると考えるのは難しいのかもしれない。

クウェイドバックやギルバート、そして2人の共同研究者であるティム・ウィルソンも口を揃えて言っているが、「ティーンエイジャーも祖父母の世代も、自分の変化が緩やかになったと感じており、人としてこれ以上成長することはないと思っている。彼らにとって自分の歴史が終わるのは常に『今』であり、残りの人生はずっとこのままの自分だろうと思っている」。

なぜこのような幻想が起こるのだろうか。正確なところはわからないが、**自己防衛や未知への恐怖が影響している**と考えられる。

人は自身の変化について考えるとき、改善した部分ばかり思い浮かべるものだ。つまり多くの場合、人は自分のことを肯定的にとらえている。

ほとんどの人は自分のことが好きであり、自分の性格は他人にとって魅力的であり、自身の価値観は賞賛されるべきものと信じている。自分が変わったら、その輝かしき地位から撤退しなくてはならない。それが怖いので、今の自分を維持しようと思うのだ。

それと同様に、自分のことはわかっていると思いたいのに、自分の性格や価値観、好みが変わるかもしれないとなると実存的な不安が生じる。自分がどう変わるのかわからないというのは、実のところ、今の自分についてもわかっていないのではないか？

ここに重要な問題が隠れている。

たとえば、今後の仕事のキャリアについて計画を立てる際、現在の状況ばかりに目がいって、自分の価値観や興味が過去にどう変化し、今後どう変化するかについては考慮しない人もいる。公務員を対象としたある調査では、まさにこうした結果が明らかになった。公務員のあるグループが過去から現在にかけての自身の価値観の変化を評価し、「自主的に働けること」や「人を助けられること」に対する価値観が過去10年間で著しく重要性を増したと認識した。

一方、もう1つのグループは今後数年間で自身の価値観がどう重要性を増すか予測した。その結果、過去を回顧したグループに比べると、仕事に対するモチベーションの変化がはるかに少ないことが判明した。

今後のキャリアの方向性や仕事の見通しについて考える場合、自分が何を重要視するのか判断を誤ると、のちに後悔するような道を選択する（あるいはそもそも選択しない）ことにもなりかねない。

クウェイドバックは私との会話で、もう1つ、説得力のある提起をしてくれた。

「『歴史の終わり幻想』によって、本来楽しめたはずの機会を逃してしまう可能性がある」

というのだ。

たとえば、あなたが海外旅行を計画しているとする。現在の懐具合ではバスやホステルを使った格安旅行しかできない。ハイエンドな体験はできないかもしれないが、未知の世界を楽しむことはできる。しかしあなたが本来望んでいたのは、豪華な食事や高級ホテルのベッドを堪能する贅沢旅行だ。

そこであなたは、未来の自分も今と同じ価値観の持ち主だと推測する。「年をとってお金ができたら行こう」と旅行を断念するのだ。

しかし、その価値観が間違いだったらどうだろう？　年を重ねたときの自分は、オーストラリアの奥地を旅するよりも、家族と一緒に過ごしたいと思っているかもしれない。そうなると冒険旅行をあきらめた若き日の自分を後悔しないだろうか？

今を生きることは、今の自分を楽しむことでもある。なぜなら未来のあなたは、現在夢中になっているバンドに何の興味も持たなくなっているかもしれないからだ。

「歴史の終わり幻想」に惑わされた結果、過酷な試練に直面する可能性もある。ここからは終末期の医療についてお話ししたい。サンフランシスコで最先端の緩和ケアを実践する医師、B・J・ミラーが、人生の多くを捧げてきたテーマである。

あなたはいまだに「進行形」だ

「死に方を変えようとするある男の挑戦」

2017年の『ニューヨーク・タイムズ』紙にこんな記事が掲載された。傲慢に聞こえる見出しだが、B・J・ミラーが挑んでいるのはまさしくこのとおり「死に方を変える」挑戦だ。

ミラーが初めて死と向き合ったのは1990年の11月のことだ。プリンストン大学の2年生だった彼は、その日の午前4時ごろ、友人たちとバカ騒ぎをしながら近くのコンビニに向かっていた。プリンストンの街には大学とアムトラックの駅をつなぐ短い路線が通っており、コンビニに行く途中にその線路があった。廃車の車両が停まっているのを見て、なぜかこの電車によじ登ってみたくなった。

ミラー氏はまず車両後部のはしごを使い、電車の屋根に上った。立ち上がったときに片腕が電線に触れそうになり、その瞬間、1万1000ボルトの電流が腕時計を通して彼の体を貫いた。一命はとりとめたものの、彼は片方の腕の肘から下を、両足は膝から下を切断することになる。

ミラーが医療現場で患者が受けるケアを見直し、最終的にはその方法を改善したいと考えるようになったのは、この事故がきっかけだった。

ミラーは病院の集中治療室で手厚い治療を受けたが、そのとき彼が感じたのは、医療機関は病気治療のために設計されており、患者のためではない、ということだった。特に、患者を生かすことを基本原理とする終末期医療は、その傾向が極めて顕著だと語る。

ミラーは最近まで、カリフォルニア大学サンフランシスコ校の医学部助教と緩和ケア医師の職を務めながら、仏教の教義を利用して死にゆく人々をケアする活動、サンフランシスコ禅センターの禅ホスピス・プロジェクトのディレクターとしても活躍していた。

2020年、彼は「メトゥル・ヘルス」（Mettle Health）を立ち上げる。患者が自分に合った医療制度を利用するための支援を目的とした組織で、特に終末期の患者を対象としている。

彼が目指すのは、既存の医療ケアのように、死を最期の瞬間まで考えさせないのではなく、人生の1つの出来事として考えられるようにすることだ。

現在の医学における死は「乗り越えるべきもの」として扱われる。患者が死亡すると速やかに部屋から運び出され、その場に存在していなかったかのように、その痕跡は拭い去られる。

しかし、ミラーは、緩和ケアに人の温かさを吹き込みたいと考えている。私にも話してくれたが、彼の目標は死を「人生の一部」にすることだ。

過去の講演で、彼は呼吸が困難になったALS患者の話をしている。その患者はタバコを吸いたがった。死を早めるためではなく、まだ呼吸ができるうちに肺が満たされる感覚を味わいたかったからだ。

また別の患者は、化学療法ではなく、病室で愛犬と過ごすことを望んだ。犬の鼻先の感触を肌で確かめたかったのだ。

どちらの望みも、一般の病院ではかなえられないだろう。ミラーは患者に寄り添う医療を目指している。

もちろん、死は悲しみの最たるものだ。気軽に話せることではないし、率先して議論したい話題でもない。「歴史の終わり幻想」に根ざした問題もある。つまり、人がこの先の人生を考えるとき、老いや死という問題が自然と頭をよぎるものだが、これらは――少なくとも多くの文化圏では――肯定的な意味でとらえられていない。

自身の加齢を食い止めたいという思いから、私たちは今のままでいられると信じ、避けることのできない未来から目をそらしているのではないか。未来の自分を想像するのは難しいものだ。自分が存在しない未来を想像するのは、もっと難しい。

健康な人に「3カ月延命できる過酷な化学療法を受けたいと思うか」と尋ねたところ、「受ける」と回答したのはわずか10％だった。しかし、がん患者に同じ質問をしたところ「受ける」と答えた人は42％に上った。人生の終わりを身近に感じるにつれ、命の価値は重みを増すと思われる。

こうした選択が難しいのは、これまでも言及したとおり、自分の好みや嗜好が常に進化しているにもかかわらず、現在の自分を起点に物事を決断する傾向があるからだ。

これは「プロジェクション・バイアス」や「歴史の終わり幻想」の根幹をなす問題である。私たちは、**現在の自分に影響を与える重要な決断を下したのも、今とまったく異なる視点をもった「昔の自分」であることに、後で気がつく**のだ。

私はミラー医師に、人生の終焉を前にしたとき、どうすれば正しい選択ができるのか尋ねた。ミラーはしばらく考えてから、「うまくいかないことのほうが多いです」と答えた。

想像とまったく異なる方向に事態が進み「こんなはずじゃなかった」となるケースが多い

のだという。死を取り巻くさまざまな重荷を背負っているのに、不意打ちの質問を浴びせられ、自暴自棄に陥ってしまう可能性もあるという。

しかし正しい選択ができれば「着ない服をパッキングするミス」を相殺できるという。「最良の死に方」とは、苦痛のない最期ではない。時間に対する成熟した視点を持ち、**与えられた未来に向けて計画を立てながらも、時間の経過とともにその計画に違和感を抱くことができること**だとミラーは語る。

時間に対する成熟した視点を持つためには、「変化を認識できるかどうか」が1つのカギになる。自分はいまだに「進行形」であることを理解している人は、終末医療についてもより積極的に話ができる。好みや価値観、性格の変化に対し、余裕をもって受け入れられる。

私が思うに、多くの人が変化に抗うのは、変化に喪失が絡《から》んでいるからではないか。過去の自分が消えてしまったことを認めざるを得ないからだ。しかし、賢明な患者は、この小さな喪失感と真っ向から向き合い、その過程の中で、命の終わりを受け入れていく。

ミラーが言うように「**失ったものに気づいたことがきっかけで、まだ残っているものに気がつく**」のだ。

彼は「人は計画し、神は笑う」という言葉が好きだという。

「確かにそのとおりだと思うんです。どう転ぶかわからないのに計画を立てて、神に笑われる。それでも人は計画を立てずにはいられないのですよね」

その計画は、明日のためであれ、人生の終わりのためであれ、その間の人生のためであれ、独断的であってはならず、じっくり考えることが大切だ（終末期の医療の内容については「リビングウィル」や、判断や決定を任せたい人を選定しておきたいものだ）。

また、自身の最期について「おおまかな想定」を立てておくことが大切だと強調する。そうすることで**自分がコントロールできること、できないことを認識できる**のだという。

こうしたマインドセットを持つことで、何が起こっても、よりよい場所に自分を着地させることができるのだ。

未来を描く 6 のまとめ

■脳内タイムトラベル第3のミス「着ない服をパッキングするミス」は、未来が現在とは異なる可能性があることを認識できないミスである。

■「プロジェクション・バイアス」はその原因の1つであり、現在の自分の感情を、未来の自分に過剰に投影してしまうことを意味する。

■「歴史の終わり幻想」はもう1つの原因であり、現在の自分の性格や好みは今後もそれほど変わらないと考えることをいう。

■「プロジェクション・バイアス」や「歴史の終わり幻想」の結果、食事や職業選択など、後で後悔するような決断をする可能性がある。

PART 3

航路を拓《ひら》く方法

7

「想像以上の未来」がやってくる

物語は何の変哲もないオフィスビルの一室で始まった。

壁の時計は午後5時を指している。ツリーが飾られているところを見ると、どうやらクリスマスが近いらしい。

部屋では20代とおぼしき若者が3人、ボールを投げ合ったり、ムダ話をしたりしながら時間をつぶしている。

そのとき突然ビルが揺れた。閃光が走り、年配の男3人が現れる。冷水器とコピー機の前に並ぶ3人。

真ん中の男が、少々大仰な口調で言った。

「俺たちは将来の『君たち』だ。未来からやってきた」

気候変動の影響で地球に重大な危機が訪れる。それを警告するために、未来からやって来たのだという。

彼が話を続けようとすると、若いほうの「彼」がさえぎった。

「ええと……こんにちは。未来からようこそ」

3人は笑みを浮かべながら矢継ぎ早に質問を始める。

「僕たち、未来ではどんな生活してるんですか?」

「金持ちですか?」

誰のせいで不幸なのか！

年配の男の顔に陰りが浮かんだ。実は3人とも、多額の借金を抱えているという。

「へえ、そうなんだ」

若者たちはそう言ってから「じゃあ、家族はどうです？　僕たちみんな結婚してるんでしょう？」。

「いいや」再び残念な言葉が返ってきた。中央のリーダー格の男が言う。

「俺は離婚して、つらい思いをしたよ。でも君たちがこれから行動すれば、人類の絶滅は回避できる！」

若者の1人がうんざりした表情で話をさえぎった。

「僕は……別にどうでもいい。だって僕の行きつく先がこのおっさんだなんて、ショックだし。かかわりたくないでしょ」

男たちが話を気候変動に戻そうとするものの、若者たちは耳を貸さない。話はいつしか「誰のせいで不幸になったか」という議論に発展している。

以上はアメリカのバラエティ番組『サタデー・ナイト・ライブ』で放映されたコントのワンシーンだ。ニューヨークを拠点とするコメディトリオ「プリーズ・ドント・ディストロイ」（Please Don't Destroy）による即興劇である。

未来の自分と話せるとしたら、何と話しかけるだろうか。その結果、何が起こるのだろうか？　願わくば、未来の自分との出会いが、このコントのような暗澹《あんたん》たるものでないことを祈っているし、有益であってほしいとも思う。

しかしその結果、実際にあなたの生活が変わることはあるのだろうか。

この疑問に答えるため、私は数年前からあるプロジェクトに取り組んでいる。必要なのはカメラとライト、近未来的なデザインのゴーグルだ。

被験者にゴーグルを装着させ、さまざまな仮想現実の空間に送り込む。そして、バーチャルミラーを通して白髪としわだらけの、老いた自分と対面させる実験だ。

もし仮想現実（VR）の世界で未来の自分と出会い、話ができたら、未来の自分に対してより強い絆を感じるのではないか。それをきっかけに彼らとの関係性が深まれば、未来の自分のために貯金をしたり、健康的な食生活を送ったりと、現在の生活を改善できるのではないか。私はそう考えた。

バーチャルリアリティーで未来の自分と出会ったくらいで、現在の自分の生活が改善されるのか、と思う人もいるだろう。しかし私にはそう思える理由があった。

集団より個人

2015年8月下旬、シリア難民のアブドラ・クルディは家族とともにボートでトルコを発ち、ギリシャのコス島を目指した。最終目的地は親戚のいるカナダである。

しかし出発直後、その旅はあっけなく終わりを告げた。出航わずか5分後にボートが転覆し、クルディの妻と2人の息子は溺死した。トルコ人ジャーナリストのニリュフェル・デミルは波打ち際でうつぶせに倒れるクルディの3歳の息子、アランの姿を撮影。その衝撃的な写真は翌日世界の主要紙の一面に載り、SNSでは2000万人以上がこの写真を閲覧した。

この事件は、世界の注目を集めただけでは終わらなかった。写真が掲載された直後、トルコから遠いアメリカでは難民政策の改正法が制定された。シリア難民救済を打ち出したスウェーデン赤十字社への寄付は、写真公開後わずか１週間で１００倍に上った。

しかし、リスクアセスメント研究の専門家である心理学者のポール・スロヴィックらも指摘するように、シリア危機はこの事故の４年以上も前から深刻さを増していた。写真が配信された時点で難民の死者は少なくとも25万人に達していたはずだ。それにもかかわらず、写真公開前の世界の反応は鈍かった。

この現象はクルディの息子にかぎった話ではない。ある特定の個人が被害に遭うと、そのニュースが数週間、あるいは数カ月にわたって主要新聞の紙面を賑わす。

イェール大学でマーケティング学を研究し、「身元のわかる犠牲者効果」に関する論文を主導するデボラ・スモール教授が明らかにしているが、ある特定の対象が注目を集めるのは人間だけにかぎらないという。

２０１５年にジンバブエの雄ライオン、セシルが狩猟マニアに殺されたニュースが大きな反響を呼んだ。しかしこうした自然動物の殺害事件を統計化し、発表したところで人の心は動かないし、動物愛護への寄付が増えるわけでもない。

スモール教授は10億人以上の子どもが貧困にあえいでいると論文の中で指摘しているが、そうした実態が新聞や雑誌の一面に掲載されることはほとんどなく、寄付が集まることもない。

ここに明らかな皮肉がある。**人は大勢の犠牲者より、ある特定の犠牲者に心を動かされるのだ。**一個人に対しては心を痛め財布も開くが、同じ悲劇でもそれが大きな規模として報じられ、その詳細が統計で示されると、途端に痛みを感じなくなる。

この傾向は、クルディやセシルのようなケースだけでなく、厳密な対照実験によっても証明されている。

スモール教授はある実験の中で、途上国に住む人々に住居を寄付する支援を行うため、ショッピングモールの客に寄付を依頼した。

ここで、ある客には寄付の対象となる家族が「すでに選ばれている」と説明し、別の客には「これから選ぶ」と説明した。

さてどんな結果が導かれたか。

「すでに選ばれている」と説明を受けた常連客は、寄付の対象となる家族を特定しやすくなる。つまりどんな家族なのか想像しやすくなるのだ。その結果、客はより多額の寄付を行った。

同教授のチームが行った別の実験でも同様の結果が出ている。発展途上国向けのマイクロファイナンスを行うＮＰＯが、個人の起業家と企業家グループに対しての融資をそれぞれ募ったところ、個人起業家への融資がより多く集まったという。

いずれの結果でも、**寄付や融資の対象者が特定されると、人は財布に手を伸ばす可能性が高くなる**。

実際、寄付金集めにこうした戦略を用いている組織は少なくないと思われる。

なぜ大勢より特定の個人のほうが共感を得られやすいのだろう。

たとえば、テレビでスポーツ番組を観ているとする。ラグビーでも野球でも、バスケットボールでもサッカーでもいいのだが、固定カメラが競技場の観客席をぐるりと映すとき、観客1人ひとりの顔はぼんやりとしか映らない。それぞれの服の色も交じり合い、観客席全体が混然一体として見える。

しかし、カメラがある特定の観客をクローズアップすると、その表情も、身につけているものもはっきり見える。どんな暮らし方をしているのか想像もしやすくなる。つまりその人を知っているような気になるのだ。

同様に、人は寄付や融資の対象者が特定されると、彼らに共感したり、身近に感じたりする。彼らの立場に立って物事を見るようにすらなる。

最近の研究では、被支援者を特定すると、支援者の脳内で、肯定的な感情に関連する領域が活性化することがわかった。脳が活性化することで、さらなる寄付や援助行為につながるという予想もできる。**人はある特定の対象者に親近感を覚えるものであり、その親近感が、人を助けたいという思いにつながる**のだ。

私がＶＲで実現したかったのは、まさしくこうした心のあり方だった。未来の自分と出会うことで――はるか遠い存在である自分をより身近に感じることで――双方の距離を縮めるのが狙いだった。その未来の自分の幸福は、私たちが今日下す決定に大きく左右されるのだ。

「年を重ねた自分」を作成するアプリ

加齢による風貌の変化を画像化するのは、かつてはＦＢＩやハリウッドの特殊効果チームの仕事と決まっていた。あるいは親や高齢の親戚などと一緒に過ごせば、年をとった自分がどんなふうになるのか予想もついた。

しかし、私が未来の自分との関係性について研究を始めたころにはテクノロジーが進化し、より多様な可能性が広がっていた。

こうした技術はまだ完璧とはいえなかったが、私の研究に関していえば、十分役立つと思われた。手始めに、年老いた自分の顔写真を作成してみた。

作業手順としては、まず無表情な顔を撮影することから始まる。笑顔やしかめっ面ではない、表情のない表情。これが案外難しく、私は何百回となく試行錯誤をくり返した。

自分の顔でテストを行った後は研究に参加する被験者の無表情な顔を撮影し、その写真をコンピューターのプログラムにインプットしてアバターを作成する。つまりフェイス版VRだ。顔のイメージはそのままで、より「デジタル化」された顔ができ上がる。

そしてここからがおもしろい。デジタルアバターの画像を「エイジ・プログレッション」(経年人相画)のアルゴリズムにインプットする。実際の顔が経年とともに老化するように、アルゴリズムを通すとアバターの画像も老化する。皮膚が少したるみ、目の下が脂肪で膨らみ、耳はやや大きくなる。シミが出現し、髪の毛は薄くなり、白髪が増え、顔は細く、鼻は長くなる。

今ではさまざまなアプリが出回っており、安く手軽にしかもリアルに老け顔を作成することができる。

「1000ドル受け取ったら何に使いますか？」

さて、老け顔アバターを被験者に見せるにあたり、私たちは少々演出を施すことにした。真っ白な壁に無彩色のカーペットというオフィスビルの一室のような空間だが、壁の一面が鏡張りになっている。この鏡が最大の特徴で、いわばバーチャルミラーといったところだ。被験者にはこの鏡の前に立ってもらう。ここでは被験者を2つのグループに分けた。

一方のグループは同じ年齢の自分のアバターと対面し、もう1つのグループは、年齢を重ねた自分のアバターと対面する。つまり鏡には、現在の自分か、年齢を重ねた自分か、どちらかが映し出されるようにした。

ゴーグルをつけ、鏡に向かって動作をすると、家にある普通の鏡と同じように、鏡の中の自分が同じ動きをする。被験者が体を右に動かせば、鏡の自分も右に動く。首を回せば同じく首を回す。

まずは被験者に、鏡の中の自分の姿をじっくり眺めてもらった。自分と同じ年齢の自分と対面する被験者もいれば、老いた自分の顔を覗き込む被験者もいる。被験者が自分のアバターとじっくり対面したことを確認したところで、次に数分間、話をしてもらった——鏡の中の、同じ年齢の自分、あるいは老いた自分と、である。

その後ゴーグルを外してもらい、被験者を隣の部屋に移動させ、アンケートに回答してもらった。そしてここが重要なのだが、一連の質問の中に、こんな質問も混ぜてみた。「もし今、1000ドル受け取ったら、お金をどう配分するか。すぐに利益を得られるよう短期的な投資をするか、それとも将来のために長期的な貯蓄に回すか？」

その結果、年老いた自分と出会い、やりとりし、親近感を覚えた被験者は、どんな反応を示したのだろうか。

実験の結果、慈善活動と同じ現象が起こった。つまり年を重ねた自分自身と出会った被験者は、同じ年齢の自分と出会った被験者に比べて、より多くの金額を長期的な貯蓄に回す傾向がみられたのだ。

とはいえこれは規模の小さな実験であり、被験者は定年が何十年も先の大学生だ。そこで今度はVRを使わずに実験を行った。

オンラインで社会人にアンケートを実施し、401k（アメリカの確定拠出年金。雇用主が提供し、従業員自身で運用する。税制優遇措置がある）の口座に積み立てるとしたら給料の何割を天引きするか尋ねた。

被験者はサイトの画面に表示された0%から10%までの目盛りがある小さなスライドバーを用いて回答する。そしてここが重要なのだが、自分の顔写真をアップロードすると、スライドバーの上に未来の自分の顔写真と現在の顔写真、どちらかが表示されるしくみになっている。

結果は予想どおりだった。白髪やしわ、しみがある顔写真を見た被験者は、現在の顔写真を見た被験者に比べて、より多くの金額を口座に入れると回答した（未来の顔写真を見た被験者は給料の約6%、現在の顔写真を見た被験者は2%天引きすると回答した）。

これはあくまでも仮定にもとづいた実験だ。実際に現金を手にしたら、果たして同じ行動をするかはわからない。年金は老後の人生を支える大きな資産だ。しかも、若い人など401kについて全容を理解していない人も多い。

そこで私はより現実的な結果を得るため、さらなる実験を試みることにした。それには**仮想の世界ではなく「現実の世界」が必須**だ。

私は共同研究者の認知心理学者、ダン・ゴールドステインとともに実験の場を探し続けた。数年後、そのチャンスは行動科学のシンクタンク「ideas42」とメキシコ財務省、メキシコの大手銀行の提携、という形で現れた。

実験の手順はシンプルだ。銀行の顧客約5万人に対して、アメリカの401kのような個人年金制度に加入する意向があるかどうか、メールで問い合わせた。将来のために加入するよう全顧客に勧めながら、半数の顧客には将来の自分に「対面」もしてもらった。

その結果、老いた自分の顔写真を見た顧客は、年金に加入しただけでなく、掛け金を増額したことが明らかになった。

貯蓄額が一気にアップする方法

この実験を応用したのが行動科学者のタマラ・シムズだ。彼女の研究チームが行ったのは、コミュニティカレッジで1学期の大学編入コースを受講する学生に、学生自身の写真を見せるという試みである。

具体的には数週間ごとに、同年齢の自身のアバター、あるいはデジタルで老化させたアバターの画像を見せて、その後アンケート調査に回答してもらった。

その結果、老け顔のアバターと対面した学生は、ファイナンシャル・プランニングを学ぶ意欲が高まり、自身の資産管理力に大きな自信を持つようになり、最終的には財務知識（あるいは「ファイナンシャル・リテラシー」と呼ばれるもの）の向上につながった。

ちなみに被験者の学生は社会経済的に多様な背景を持ち、その多くが家族で初の大学進学者であるとした。そのためファイナンシャル・リテラシーのスコアは同年代のアメリカ人の中央値よりも低い。それにもかかわらず、数週間に一度、未来の自分を考え、アバターと対面することで、大きな変化がもたらされたのだ。

またこれはケニアでの話だが、農村に住む数千人の女性たちが将来の自身の姿を頭の中で思い描く訓練を行ったところ、**健康的な生活を送るようになり、さらには貯蓄増額にもつながった**という結果が出ている。

未来の自分との対面は、小さな子どもにも影響を与えるようだ。就学前の子どもに未来の自分自身（といっても1日後だが）についてのイメージを思い描いてもらい、それについて説明させたところ、計画性が高まったという結果が出ている。

具体的には1泊の旅行に持参する持ち物について、適切な判断ができるようになったという。1泊旅行の計画は、豊かな老後生活への計画に比べれば単純なものだが、3歳や4歳の子どもの相手をした人ならおわかりのとおり、幼い子どもたちが将来の計画を立てるというのは、大変なことだ。

こうした結果を受けて大手企業も動き出した。メリルリンチは「フェイス・リタイアメント」(Face Retirement) というウェブサイトをつくった。ユーザーが自身の顔写真をアップロードすると、60年後の老いた自分の顔写真が、そのころのガソリンの想定価格とともに表示される(そのころも化石燃料自動車を利用している可能性があるため)。

同社は未来の自分について想像させることで、年金用の口座開設や掛金拠出のきっかけになると期待している。

アイスクリームの誘惑に勝てるか

ここで北カリフォルニアの大学生、アンモル・バイドの話をしよう。パンデミックに突入してからの1年間、彼の食生活は惨憺《さんたん》たるものだった。

なにしろほとんど毎日シナモン味のシリアルとチキンサンドウィッチしか食べていなかったのだ。この怠惰な食生活があだとなり、彼は13キロ近く太ってしまった。従来のダイエットで減量を試みたものの効果が出ない。そこで彼が目をつけたのが私たちの研究だった。

彼が私にくれたメールによると、研究についての話を読んで、新たな戦略を立てたのだという。それは未来の自分の理想的な容姿をオンラインツールで入手することだった。バイドは自分の食欲にブレーキをかけるため、その画像を浴室の鏡と冷蔵庫のドアに張った。「アイスクリームが食べたくて、キッチンのある1階に降りると、その画像が目に入るので、しぶしぶ自室に戻った」そうである。

彼はその画像の容姿に近づくために低カロリーの食事や有酸素運動、ウェイトリフティングをこなし、その結果、体重を大幅に減らすことができた。

バイドの体験には科学的な裏づけがある。研究者のサラ・ラポソとスタンフォード大学のローラ・カーステンセン教授の研究によると、**老け顔に加工した自分の画像を見た成人は、画像を見ていない成人に比べて、運動量が増えた**という。

人は歩きやすい道を選ぶ

この老け顔の画像は道徳的な分野にも効果があった。私と同僚が研究室で作成したゲームで遊んでいた者は、自分の老け顔のカラー画像を見た後、ゲームで不正をするチャンスがあってもまじめにゲームに取り組むようになった。実際、フェイスブックで40代の自分の画像を1週間にわたって見続けた高校生は、その週に非行に走る確率がわずかながら減ったという結果も出ている。

これらの道徳的な行動に関する研究については、サンプル数が少なく、その効果も比較的緩やかなものだった。

道徳的な行動を起こす要因にはさまざまな要素が絡んでおり、未来の自分の画像はパズルの1ピースに過ぎないからだ。

それでも重要なピースである可能性はある。オランダの犯罪心理学者で私の共同研究者でもあるジャン・ルイ・ヴァン・ヘルターは、有罪判決を受けた犯罪者に老け顔の画像を見せる取り組みを行った。その結果、仮釈放に移行しても自滅的な行動（飲酒や薬物使用など）は減少することが、暫定的ではあるが、確認されている。

「未来の自分」を可視化することで、人は自分自身をよい方向に変えられる。その内容も貯蓄から道徳的な行動、健康的な生活まで多岐にわたる。だからといって画像は万能ではない。重要なのは老け顔の写真ではなく、その背景だ。

たとえば顔写真を変換するアプリ「FaceApp」は2019年の夏ごろから話題を呼び、インフルエンサー、さらには世界中のSNSユーザーが自分の顔写真を加工した結果、SNSが「老け顔」の投稿であふれた。自分の写真が瞬時に老人に変換されるため、同アプリは大きなトレンドになった。

だからといってそうした人々が、年金口座の掛け金を増やしたり、ドーナツをやめてサラダを食べたりするようになったのだろうか。

おそらくそんなことはないだろう。社会心理学者は「水はもっとも単純な経路を流れる」ということわざを好んで使うが、単純な道を好むのは人間も同様で、**人は歩きやすい道を選ぶ**ものだ。

自分の好ましくない行動（衝動買いをする、長期的な貯蓄ができない）を変えたいのなら、軌道修正のためのプロセスは簡単でなければならない。しかし老け顔アプリの画像は貯蓄のためのアプリや食事管理のプログラムなど、手軽に利用できるツールと連動していないので、**行動を変えるのは難しい**のだ。

さらに重要なのは、こうした老け顔アプリは老いた自分を知る契機にはなっても、それ以上のものではないということだ。実際、3章で登場した研究者ダニエル・バーテルズとオレグ・ウルミンスキーは、行動を変えるために認識すべき点が2つあると述べている。1つは、年月が経てば誰でも未来の自分になること。そしてもう1つは、現在の自分の行動が未来の自分の人生を左右すること、である。

そうした認識が十分にできていれば、老け顔の画像は行動を変える助けになるはずだ。メガネが視力を調整し、人工内耳が聴覚を補助するように、**老いた画像は想像力を刺激し、未来の自分を重要視するようになり、共感力を高めてくれる。**

つまり未来の自分をより身近に感じさせてくれるツールであり、脳内タイムトラベル力をアップさせるための1つの戦略といえるだろう。

「未来の私」への手紙

アメリカのベストセラー作家アン・ナポリターノは子どものころから本が大好きだった。幼いころにL・M・モンゴメリの『赤毛のアン』シリーズを読破したものの、それでは飽き足らなかった。そこで、同じモンゴメリの作品である『可愛いエミリー』をはじめとするエミリー3部作を読み始める。

モンゴメリといえば『赤毛のアン』が有名だ。アンは孤児だが、快活でカリスマ性がある。それに比べ、エミリーは読書が好きで内向的、自分に自信が持てない女の子だ。

エミリーは時折、自分がどうしようもなく孤独だと感じるときがあった。誰でもいいからつながりを持ちたい――そう考えた彼女は手紙を書こうとする。しかし残念ながら手紙を出す相手がいない。そこで、自分自身に手紙を書くことにした。10年後の自分に。

「10年後の自分に手紙を書くなんて素敵」と本を読んだナポリターノは考えた。自分も手紙を書いてみよう。彼女はある夜、手紙を書いた。封筒には「24歳のアンへ」と丁寧につづった。

「我ながら驚くのですが、その手紙、ずっとなくさないでとっておいたんですよ!」とナポリターノは語る。

14歳から24歳までの10年の間に、彼女は高校を卒業し、ニューヨークのマンハッタンに移り住み、大学入学・卒業を経て大学院に進学する。その間、手紙はいつも彼女の手元にあった。19歳のとき、彼女は手紙を読みたい衝動に駆られる。24歳まではあまりにも長く感じられたのだ。結局、彼女は封を開けずに我慢した。そして24歳の誕生日を迎えた朝、ナポリターノは手紙を読んだ。

その内容は予想どおり、将来への不安や恋愛へのあこがれが入り交じった思春期の少女らしいものだった。ナポリターノは14歳のころは、自分の体型や恋愛しか頭になかったことに唖然としたとコラムで書いている。ガッカリしたが、気を取り直して今度は34歳の自分に宛てて手紙を書くことにした。

現在、ナポリターノは50歳を迎えたが、変わらず自分自身に宛てて手紙を書いている。10年ごとに「未来の自分」へ手紙を書き、10年後、その手紙を読む。

手紙の冒頭は現在の状況について記すと決めている。住まいや仕事など基本的な情報を書いたら、話題はより深い内容に移る――自分の愛する人々、大切な友人、そして悩みも。

手紙の後半は、彼女が思い描く10年後の人生がつづられる。「現実的な希望を書くように心がけています」とナポリターノは話してくれた。今はブルックリンで夫と2人の子どもと暮らしているが、いずれは扉のある書斎が欲しいとのこと。

手紙を開封するとき、10年前の自分が何を書いたのか覚えていない場合も多い。6年前に書いた手紙についても、内容をほとんど記憶していないという。しかし10年ごとに手紙を開封して、昔の自分が何に悩み、どんな夢を抱いていたかを知ることは、人生の視野を広げる経験になっていると語る。

「24歳のときの夢が何ひとつかなっていない」という嘆きに満ちた手紙もあれば、今後の人生を俯瞰的に捉え、夢をつづった手紙もある。

44歳の誕生日に手紙を読むときにまず考えたのは、これまでの人生についてあまり失望せず、今後の人生については好奇心を持って臨みたいということだった。そして初めて、恐れずに手紙を開封した。そのとき初めて「自分の人生を丸ごと受け入れた」という感覚を抱いたという。

作家としてのナポリターノの関心は、物語を通して人々の人生を浮き彫りにすることにある。彼女自身、自分自身に手紙を書き、読むことで、1つの物語が見えてきたという。

利点はそれだけではない。遠い未来の自分について具体的に考える契機になっている。10年ごとに未来の自分と対話し、自分がどんな生活をしているのか、子どもたちはどんな道を歩んでいるか、自分は人生に何を求めているのか、思いを巡らせるのだ。

「人生であと何通手紙を受け取れるかわからないので、今を精一杯生きようと思っています」

高校生たちの「タイムカプセル」

手紙を通して過去や未来の自分と出会う活動を行っているのは、ナポリターノだけではない。ニュージャージー州のリチャード・パルムグレン教諭は、小学6年生の児童が高校3年生の自分に向けて手紙を書くプロジェクトを1994年から行っている。

子どもたちが手紙を書き、封をしたら、その封筒を教員室で保管し、彼らが高校3年生になったときに郵送するのだという（これまで何度も郵便の値上げを経験したことから、念のために3倍の値段の切手を張らせている）。

子どもたちの手紙には、中学校生活に対する思いや現在の出来事、将来の夢などが書かれている。「手紙を読むことは、突き詰めると過去の自分との対話です」とパルムグレン教諭は語る。

彼は子どもたちに人生のタイムラインを意識させ、自分が今、人生のどの位置にいるのか考えてもらいたいと思っている。

小学6年生というと6年前にはまだ保育園児だった。そして6年後は高校卒業を間近に控え、運転免許を取得する年ごろだ。かつてのナポリターノのように、若い教え子たちに自分の目標や、手紙を開封したときにどんな自分でありたいかをじっくり考えてもらいたい。彼の狙いはそこにある。

手紙の効果はあったようだ。パルムグレン教諭の生徒たちの多くが、**過去の自分が書い**

た手紙がきっかけで、現在の自分を振り返り、さらには昔の目標について再考するようになったという。「過去の自分と再会することで、変化が生まれたのだと思います。自分らしい人生について考える契機になったのではないでしょうか」とパルムグレン教諭は語る。

1人ひとりが自分の人生を見直し、調整し、より現実的な視点で今後の数年間を展望するようになった。

この「未来の私へ」プロジェクトは他の学校でも採用されている。本書の冒頭で紹介したネットサービス「FutureMe」も、このプロジェクトに影響を受けて設立されたものだ。いずれにせよ、手紙の力は大きい。

しかし、遠い過去の自分と再会することで、現在の生活、ひいては未来の人生の質が向上するという具体的な研究結果や証拠はあるのだろうか。

その答えはどうやら「イエス」らしく、さまざまな研究結果が明らかになっている。たとえばカリフォルニア大学ノースリッジ校のエイブラハム・ルチック教授率いるチームの実験によると、大学生数百人が20年後の自分に宛てて手紙を書いたところ、その後の1週間で、より多くの学生が長時間にわたる運動を始めるようになったことが明らかになった（3カ月後の自分に宛てて手紙を書いたグループと比較した結果）。

手紙をきっかけに遠い未来の自分の人生について思いをはせ、健康に留意しようという気持ちが生まれたのだ。

とはいえ、手紙に何を書けばいいのか、どう書けばいいのかわからない人も多いだろう。そこで前述のシンクタンク「ideas42」の協力のもと、同僚のアヴニ・シャーと共同で実験を行った。

言葉遊びのアプリ「マッド・リブズ」（Mad Libs）の穴埋め問題をフォーマットとして、メキシコの銀行の顧客に定年を迎えた未来の自分に宛てた手紙を書いてもらったのだ。

大勢のファイナンシャルアドバイザーのアドバイスを受け、数千人が定年後の生活について――どこに住むか、誰と暮らすか、晩年はどう過ごすか――詳細に回答した。その結果、手紙を書いた顧客が自動積立口座を開設する確率は、手紙を書かなかった顧客に比べ圧倒的に高くなった。

最近では、筑波大学の千島雄太助教とウィルフリッド・ローリエ大学のアン・ウィルソン教授が新型コロナ感染症の発生時、成人に手紙を書いてもらう実験を行っている。

その結果、1年後の自分に宛てて手紙を書いた成人の被験者と、1年後にタイムスリップしたと仮定して1年前の自分に宛てて手紙を書いた被験者は、手紙を書かなかった被験者に比べて、気持ちの落ち込みが即座に解消された。

手紙を書くという行為により、人々は当時の混沌とした状況から一歩踏み出せたのだ。さらに未来の自分との距離を縮めたことで、新型コロナに対する負の感情について客観的な視点を持つことができた。また未来の自分と接点を持つことで、不安感が取り除かれた。

これまで紹介した過去や未来とのやりとりは、あくまでも一方通行の「会話」だ。ある人は未来の自分に向けて手紙を書き、ある人は過去の自分に向けて手紙を書いた。しかしより効果的なのは「双方向」のやりとりだ。

最近の研究結果によると、**未来の自分との双方向のやりとりは、一方通行のやりとりよりも大きな影響を与える可能性がある**ことがわかっている。

これも千島助教とウィルソン教授の研究だが、数百人の高校生に、3年後の未来の自分に手紙を書き、さらに3年後にタイムスリップしたと仮定して返事を書くよう求めた。

その結果、返事を書いた生徒は、一方的に手紙を書いた生徒に比べて、遠い自分とのつながりをより強く感じられるようになったと回答した。その後の報告でも、誘惑を断ち切り、進路選択や受験勉強に真摯に取り組む傾向が強まったという回答が目立った。

“今”が充実する「逆タイムトラベル」効果

手紙を書いたり、老け顔の画像を見たりするほかにも、未来の自分と近づくための有効な手段はある。

たとえば、私の教え子で現在インディアナ大学の助教であるケイト・クリステンセンがおもしろいアイデアを紹介してくれた。

同じ脳内タイムトラベルでも、**未来から現在に逆戻りするタイムトラベルを体験することで、未来の自分をより身近に感じるきっかけになる**というものだ。

タイムトラベルといえばたいていの場合、現在を出発点として未来のある地点を目指すものだが、元来、タイムトラベルの行先は未来と決まっているわけではない。

実際に、クリステンセン助教と4章で登場したトロント大学のサム・マリオ教授と私が共同で研究したところ、未来の自分に親近感が増すことが判明した。

この「逆タイムトラベル」で人々が未来のために行動をするようになることもわかった。

たとえば大学進学用の貯金アプリ「UNest」と協力して行った実験がある。同アプリに加入したものの、登録プロセスを完了していない2万5000人を超えるユーザーに2種類の電子メール広告を送信した。

あるユーザーには「今年は2031年。2021年に時を戻そう」という広告、別のユーザーには「今年は2021年。2031年へ向かって歩もう」という従来のタイプの広告を送った。

総合的なコンバージョン率（訳注：サイト上で最終的な目的に誘導できた確率）は低かったものの、「逆タイムトラベル」の効果は高く、「2031年→2021年」のメール広告を目にして登録プロセスを済ませたユーザー数は「2021年→2031年」の広告を見たユーザー数の2倍以上だった。

それはなぜか。たとえば車で初めてのレストランに向かうとする。行きと帰り、どちらが長く感じるだろうか。たいていの場合、帰りのほうが短く感じるものだ（心理学者はこの現象に「**リターントリップエフェクト**」といううまい名前をつけている）。

初めて行く場所はなにかとわからないことが多く、車を停めて店の入口に立つまで「着いた」という実感がわかないものだ。

しかし、帰宅となると話は違う。家の近所の目印（コンビニや信号、学校の校庭など）が視界に入ってくると「着いた」と感じる。脳内タイムトラベルもこれと似ている。まだ見ぬ未来からより確かな現在へ時間をさかのぼると、今と未来の距離が縮まったように短く感じられるのだ。

未来をより身近に感じられる方法がもう1つある。現在と未来との間の時間を年単位でなく、日単位で考える方法だ。

コーネル大学のニール・ルイス助教と南カリフォルニア大学のダフナ・オイザーマン教授が数千人の被験者を対象に実験を行ったところ、「定年まで1万950日」と考えた人は「定年まで30年」と考えた人に比べて老後のための貯蓄を4倍早く計画した。

これは大学入学のための資金準備などにも効果が期待できそうだ。年月を日単位で考えると短く感じられ、年単位で考えると長く感じられる。**日単位で脳内タイムトラベルを行ってみると、遠い未来の自分との絆が深まる**はずだ。

私たちは元来、現在に集中し、目先にとらわれる傾向がある。しかしこうした工夫をすることで、タイムトラベルマシンの歯車の潤滑油になり、未来の自分と今の自分をより近づけることができるかもしれない。

未来を描く 7 のまとめ

■現在と未来の自分とのギャップを埋めるには、「未来を引き寄せる」努力が必要。

■老いた自分の写真を見たり、未来や過去の自分に手紙を書いたりする方法は、その未来を引き寄せるための有効な手段だ。

■そうした方法には状況設定も大切。自分の老け顔写真を見たり手紙を書いたりすれば行動が変化するわけではない。預金のプラットフォームと連動させるなど、すぐさま行動に移せるような状況をつくっておく。

■時間を、年単位ではなく日単位で考える方法も効果がある。

8

最後までやり遂げる簡単な方法

それは一見、薬局で見かけるごく普通の錠剤だ。白くて小さくて中央に割線が入っている。ふちには暗号のような文字が刻まれている。

ある朝、ジェイムズ・キャノンはコーヒーを飲んだ後すぐに、この錠剤をコップ1杯の水で流し込んだ。

問題はここからだ。彼はウオッカのボトルをつかむとタンブラーにゆっくりと注ぎ、炭酸水を加えた。まだ朝早いというのに、ジェイムズはそのウオッカソーダを半分飲み、寝室でテレビを観始める。

15分が経過。酒を飲んだときに訪れる、緊張が緩むような感覚がない。高揚感もなければほろ酔い気分もない。ただ首筋のあたりに、締めつけられるよう奇妙な感覚がある。

彼はベッドから這いだし、台所へ行くと、残りのウオッカソーダを飲み干した。

10分後、首の違和感が強くなり、頭全体に広がった。足元がふらつく。両目がチクチクしてきた。あまりにも目が痛いので鏡を覗き込むと、真っ赤に充血している。白目を毛細血管が覆うさまは、まるでツタが壁を這うようだ。

酒を飲んだときの解放感や楽しさを味わうことなく、いきなり二日酔いに突入したかのような不快感がジェイムズを襲っていた。実際、彼は本当に二日酔いだったのだ。それは先ほど彼が服用した白い錠剤に原因がある。

「酒がいらなくなる」不思議なクスリ

この錠剤、実は「ジスルフィラム」という抗酒薬である。一般的にアルコールは体内に入ると肝臓でアセトアルデヒドという有害物質に分解され、さらに無害な酢酸へと変化する。

しかしジスルフィラムはアルコールを体内の別の軌道に乗せてしまう。するとアルコールが適切に処理されず、アセトアルデヒドが体内に残るため、二日酔いの症状が起こるのだ。

しかし、ジスルフィラムは脳内タイムトラベルで生じる問題を解決する絶好のツールになる。もちろん実際に薬を服用するわけではない。

これから紹介するが、脳内タイムトラベルの世界にもジスルフィラムの役割を果たす「コミットメント・デバイス」と呼ばれるものが存在する。タイムトラベルの失敗を回避させ、希望する場所に私たちを導いてくれるツールだ。ボウリングのレーンに設置されたバンパーのように、ボールを受け止め、ピンの位置までボールをいざなってくれる。

コミットメント・デバイスが具体的にどう機能するかを説明するために、ジェイムズの話に戻ろう。

ジェイムズが飲酒の問題を抱えるようになったのは、ジスルフィラムを服用する数年前のことだ。徐々に酒量が増えていたが、本格的に飲むようになったのは4番目の娘が生まれてからだった。毎日午後2時になると缶ビールを開け、寝るまでに8缶から12缶のビールを空ける。

酒に弱い人、つき合い程度にしか飲まない人なら、仰天してしまう量だろうし、間違いなく二日酔いになるだろう。

しかしジェイムズは毎日1ダースの缶ビールを飲んでも特に問題はなかった。酔っぱらいもしないし、家でも会社でもまるで素面のように振る舞えた。何の問題も起こらなかったから、どれだけ飲んでも自分を正当化できた。

しかし、妻が彼の飲酒に不快感を表すようになり、特に子どもたちがそばにいても飲み続けるようになると、状況は変化する。

夫婦の関係はぎくしゃくし始め、それがきっかけで酒量はさらに増えた。ジェイムズにとって飲酒が生活の最優先事項になり、数日、ひどいときには数週間ぶっ続けで飲んだ。

そうした生活に終止符を打つきっかけは健康状態の悪化だった。

「自分の人生と対峙したくはなかったが、死ぬのも嫌だった」と彼は振り返る。

1990年代、泥酔し醜態をさらしたことがきっかけで、彼は医者の友人を訪れ、助けを求めた。

その友人とはアレクサンダー・デルーカ博士である。当時、博士は薬物やアルコール依存症の治療を行うニューヨークのスミザーズ・センターの所長を務めていた。同センターは現在コロンビア大学精神科内にあり、最先端の依存症治療を行っている。

デルーカ博士はアルコール依存症の問題を抱える患者にさまざまな薬を処方したが、特にジスルフィラムを好んだという。それは彼自身がその効果を、身をもって体験したことが大きい。

幼少期に経験したトラウマが元で、かつては博士自身もアルコール依存症だった。飲酒を断つためにありとあらゆる治療法を試したが、効き目はなかった。そこでジスルフィラムを試したところ効果が感じられた。服用後の数日間で、酒量は劇的に減ったという。

なぜジスルフィラムがそれほどまでに効果があったのか。デルーカ博士は、その単純な効き目がよかったと語る。ジスルフィラム服用中に酒を飲むと「身体への負担はほとんどないのに、非常に気分が悪くなる」のだという。飲むとすぐに気分が悪くなり、それを押して飲むともっと気分が悪くなる。

そしてジスルフィラムの最大の特徴は、服用後数日間、物質が血液中にとどまることだ。博士の場合、一度服用すると効果が10日ほど継続した。たとえば週末のパーティーに備えて土曜日の朝の服用をさぼっても、木曜日に服用した薬の効き目が継続しているので、酒を飲みたいと思わないし、飲んでも気持ちが悪くなる。一度ぐらい服用しなくても問題ないのだ。

博士いわく「**何回も決断するより、決断は1回ですむのが楽だ**」。

つまり一度ジスルフィラムを飲むと決めてしまえば、その後は酒を我慢する必要がなくなる。何度誘惑が忍び寄ってきても、そのたびにはねのけられる。ジスルフィラムは体内に長くとどまるので、実際には数日に1回、服用を決断すればよかった。

現在、アイダホ州で隠居生活を送るデルーカ博士は、今も酒は飲んでいないし、飲みたいとも思わないという。しかし1990年代の6年間、彼はジスルフィラムを服用し続けた。そのころが学者としても医者としても絶頂期だった、と彼は語る。

その博士に救いを求めたのがジェイムズ・キャノンだった。彼もデルーカ博士と同様に、それまでさまざまな治療法を試みていた。そのどれもがうまくいかなかったときに、ジスルフィラムに出会ったのだ。

どこからか声が聞こえる

それまでのジェイムズはデルーカ博士のように、酒に振り回されていた。酒を飲むか、もう1杯飲もうか、それともやめておくか——そうした逡巡を日々くり返していた。しかしその小さな錠剤を毎朝飲むことで、心の中の対話はぴたりと止んだ。しかも、この薬のおかげで、ジェイムズは酒以外の問題について考える余裕ができた。飲酒への執着がなくなり、彼はなぜ自分がビールを飲んで感情を麻痺させたくなるのか、自問自答することになる。

彼は後の手記に、ある出来事を記している。

土曜日の午後、彼は家でパソコンと格闘していた。娘が誤ってウイルス入りのファイルをダウンロードしてしまったのだ。1時間ほど作業してウイルス除去にめどがついたとき、次は一番下の娘が部屋に入ってきてキーボードの上に腰を下ろした。これまでの作業が一瞬で台無しだ。

頭に血が上りそうになったが、ここは冷静になろうと自分に言い聞かせた。子どもを怒って何になる？　ジェイムズは次の火曜日のパーティーを思い出し、そのときのんびり酒でも飲んで、このうっぷんを晴らそう、と考えた。

するとこんな声が聞こえてきた。

「パーティーか。楽しそうだな。しかし君が私を服用しているかぎり、酒を飲んでも楽しくないはずだ。私の効果は火曜日まで続くだろうから」

そうしてジェイムズは気がついた。自分は何かしらの不満を抱えるたびに、次に酒を飲むチャンスについて考えることで、自分をごまかしてきた。親としての責任を果たさず、問題に向き合わず、言うべきことも言わず、ただ酒に逃げていたのだと、今さらながら思い知ったのだ。

ジスルフィラムを服用したことで、酒に頼るという選択肢がなくなり、ジェイムズ本来の心の状態が浮き彫りになった。小さな白い錠剤のおかげで、彼はアルミ缶の飲み物ではない、別の解決策を見つけることになったのだ。

アメリカでは12歳以上の約6％が薬物依存症を抱えており、ジスルフィラムはこうした人々を救うための手段になり得る。考えてみると、こうした酒や薬物への依存は食べ過ぎや散財、スマホ依存といったさまざまな問題行動と共通点がある。そして、そうした問題行動をくり返しているかぎり、たとえ未来の自分に理想像を抱いていたとしても、現在の自分がその理想像を台無しにしてしまうことになる。

私たちは、未来の自分には健康であってほしい、経済的に安定していて、充実した生活を歩んでいてほしい、と思っている。ＢＭＩの値が小さくて、銀行の口座には預金が山ほどあって、家族や友人にも恵まれている、そんな人生を望んでいる。

それなのに現在の自分はランチのつけ合わせにミニサラダではなくフライドポテトを注文し、衣料品店が送料無料キャンペーンを行えば必要のない服を注文し、家族が目の前にいるのにスマホに夢中になってしまう。

自身の願いとは裏腹に、理想とかけ離れた未来を創造しているのが、現在の自分なのだ。

誘惑を予測する「プリコミットメント」

断酒中に酒を飲みたくなったときに、誘惑をはね返すツールとなるのが、ジスルフィラムだ。たとえお酒を飲まない人でも、日常生活の中でジスルフィラムのようなツールや方法を試した人は多いのではないか。

たとえば1袋あたり100キロカロリーのチョコチップクッキーは、食べ過ぎを防止するコミットメント・デバイスになる。ジムの会員になったり、友人と散歩をする計画を立てたりするのも、カウチポテトを防ぐコミットメント・デバイスだ。こうした方法は「**プリコミットメント**」と呼ばれる。

自分が誘惑に襲われることを事前に予測して対策を立てることを指す。ジスルフィラムを服用してウオッカを飲めば、頭痛になったり吐き気を催したりと二日酔いの症状が出るが、100キロカロリーのスナック菓子や運動は少なくともそんな症状が出ることはない。ジスルフィラムよりも体に優しいプリコミットメントだ。

このプリコミットメントを最初に提言したのは、戸棚の中のお菓子が食べたくて仕方がなかった人ではない。

2005年にノーベル経済学賞を受賞したトーマス・シェリングが、冷戦時代の対立激化を背景にこの戦略を提唱した。1956年、彼は相手国に対して事前に意思表示をすることで、全面戦争の危険性を回避できると訴えた。

たとえば、カナダのメープルシロップ工場が、シロップを目的に海外の軍隊に狙われているとする。もしアメリカ議会が、実際にカナダの工場が攻撃されたらアメリカは対抗措置を取るという法案を可決すれば、軍隊がシロップを奪う可能性は低くなるだろう。アメリカによる明確かつ信憑性のある対抗策は彼らにとって脅威であり、工場を襲うことはもはやリスク以外の何物でもないからだ。

この視点は個人レベルのコミットメント・デバイスにも落とし込むことができる。効果的なコミットメント・デバイスを実践するためには、他人、特に未来の自分の立場で物事を見る堅実な視点が必要だ。

先ほど紹介したメープルシロップ工場の例で言えば、アメリカ議会は、他国の指導者（パンケーキにはシロップが欠かせないと考える国民を持つ指導者）の視点に立ってこの非常事態を考えるべきだ。私たちも同様に、未来の自分を誘惑するものは何か、未来の自分の視点で物事を観察し、見極めなければならない。

この戦略をプリコミットメントと名づけたのはシェリングだが、コミットメント・デバイスじたいは古代から用いられていた。

たとえば１５１９年、スペインのコンキスタドールで、のちにメキシコの統治者となったエルナン・コルテスは、メキシコに到着した際、兵の逃亡を防ぐために12隻の船のうち11隻をわざと沈めたという。さらに１７００年ほどさかのぼった中国では、武将・韓信が川を背にした場所に布陣を敷き、兵の退路を断っている。

１９８０年代に入るとシェリングは一転、個人とプリコミットメントの関係に目を向ける。彼は人々が抱える内なる葛藤にプリコミットメントをどう応用すべきか、具体的な提案をするようになった。

たとえば片づけなければならない仕事があるのに、他のタスクや用事で忙しく、集中して取り組めない場合、友人に頼んで数時間だけカフェに寄ってもらう。ついでにスマホも取り上げてもらえば、その仕事をＴｏ Ｄｏリストから削除できるかもしれない。

ちなみに詩人のマヤ・アンジェロウがこの方法を採用していた。大きな家を所有していたにもかかわらず、定期的にホテルに通って仕事をしていたという。壁に絵や美術品が飾られていない部屋で執筆すると集中できたらしい。

ホテルに滞在せずとも、無線ＬＡＮがないカフェで仕事をすれば仕事がはかどるだろう。夕食後すぐに歯を磨くとお菓子や夜食を我慢できるという話はよく聞く。そして私もまだ試したことがないのだが、朝起きるのが苦手な場合、寝る前に水をたくさん飲めば、目覚ましが鳴ったとき（鳴る前でも）、即座にベッドから起き上がれるそうだ。

これらは自身の目標を実現するためのコミットメント・デバイスの例だ。現在の自分や未来の自分のために設定した目標を実現するには、どのような方法が効果的か、そしてなぜその方法が有効なのか、把握することが大切だ。

目標達成のため、どんな戦略を立てるか

料理の写真をスマホで撮影する人をよく見かける。あなたもその1人かもしれない。しかし私の友人のクレイグはそういうタイプではない。彼と知り合って10年ほど経つが、彼がスマホを取り出してなにかを撮影しているのを見たことがなかった。

しかしある日の昼休み、私は彼がリンゴとスナック菓子の小袋、そしてサンドウィッチを机に並べて写真を撮っているのを目撃した。

クレイグは私の視線に気がついて言った。

「お昼に何を食べたか、栄養士に知らせなきゃいけないんだ」

ここ数年、体重が増加していたクレイグは、このままではいけないとダイエットを決意したが、その方法は単純なものだった。朝昼晩の食事やおやつなど、食べるものをすべて撮影して栄養士にメールするのだ。

メールを受け取った栄養士は、食事のカロリー摂取量と栄養バランスを大まかに評価する。クレイグによると、次の食事ではもっとタンパク質を摂るように、あるいは炭水化物を減らすようにと、速やかに指示が返ってくるという。

クレイグは事前に食事の写真を撮って送ると栄養士に約束した。しかし、栄養士と協力して食事内容を考え、写真を送信すると約束し、健康的な食事を摂ることを自分に課したのはクレイグ自身だ。これは「**心理的コミットメント**」と呼ばれる行動だ。

つまり「ある行動をする」あるいは「しない」と事前に表明することで、心の中で動機づけを行い、事実上の誓いを立てる。経済学者によってはこれを「ソフトコミットメント」と呼ぶ人もいる。

注目したいのは、クレイグは食べたいものを禁止されていたわけではない、ということ。彼がチョコレートケーキを山ほど食べたとしても、栄養士が魔法のようにいきなり現れて叱ったりすることはない。そもそも栄養士はアメリカ在住ではなかった。

時には食べたものをごまかして報告することはあったが（ナッツの袋をフレームに収めずに写真を撮っていたのを発見）、この作戦は彼にとって非常に効果的だった。7キロも体重を落とし、日々、健康を実感するようになった。

クレイグが経験した心理的コミットメントは別段珍しいものではない。ある状況下においては、柔らかなコミットメント・デバイスがかなり有効な手段であることが、多くの研究によって判明している。

中でも、もっともよく知られているのは、私の同僚で経済学者のシェロモ・ベナルチの研究だろう。彼は、ノーベル賞受賞者の経済学者リチャード・セイラーと共同考案した「明日はもっと貯める（Save More Tomorrow）」という貯蓄方法を提唱している。

給与から天引きして４０１ｋ（アメリカの確定拠出年金）の口座に一定額を振り込むことで、毎月自然にお金が貯まっていく、ごくシンプルな心理的コミットメントだ。

従業員は雇用されると自動的にこの制度に加入するが、いつでも脱退できる。この方法は効果があった。この制度を最初に導入した会社の従業員は、およそ4年間で貯蓄率が４倍になった。

こうした心理的コミットメント（ソフトコミットメント）は他のさまざまな分野でも利用されている。慈善活動の賛同者募集やダイエット教室の受講者募集に利用されることもあるし、教室の受講者が目標を達成するきっかけになったりもする。

しかし、この手のコミットメントは慎重に行わないと逆効果になる恐れもあるので、注意したい。

４０１ｋにおける最近の研究では、従業員に今すぐ加入するか、数カ月後に加入するか尋ねたところ、貯蓄率が低下したという調査結果がある。選択肢を提示したことで、従業員は間違ったメッセージを受け取ってしまった可能性がある。「いつ加入してもいいのか。それなら大して重要でないのかもしれない」と。

しかし、解決策がある。もしあるプログラムの参加を辞退する人がいたら、再び機会を提供すればいいのだ。

成人数千人を対象に行ったある実験で、財務健全性や幸福度の評価を無料で受けられると勧めたところ、今申し込んでもいいし、無理な場合は1週間後に申し込み可能、という選択肢を与えられた被験者は、今か1週間後どちらかしか選べないと言われた被験者に比べると、申し込む可能性が格段に高くなったという結果が出ている。

心理的コミットメント、つまりソフトコミットメントを用いる場合、緊急性が重要となる。**人の行動を変えるためには、それが重要で即座に対応すべきことだと納得させなければならない。そうしないとたいていの場合、人は動かない。**

先述のクレイグの話に戻ろう。彼がダイエットに成功したのは、栄養士に対する説明責任、つまりアカウンタビリティーだという。自分が食べた食事の写真を栄養士に送らなければならないと思えば、自分が何をどう食べているのか嫌でも意識するようになる。食事の写真を撮ることで「食べたものを鏡で見る」感覚にもなったという。栄養のバランスが悪い料理ばかり食べていると、栄養士にガッカリされるのではないかと思ったそうだ。

アカウンタビリティーが重要であることを裏づける、初期の調査結果も存在する。たとえばチリで行われた研究によると、起業家同士でグループを結成して貯蓄すると皆に宣言したところ、グループを結成していない起業家に比べ3・5倍も貯蓄できたという。

しかし、こうしたコミットメントが失敗に終わったときには、**他人を失望させるだけでなく自分をも失望させるものだ。私たちは自分の行動に一貫性を持たせたいと思っているから**である。

「今夜は夕食後にお菓子を食べない」と誓ったのに、気がつくと夢中でチョコレートをほお張っている。お菓子を食べないと誓った過去の自分に対しても、お菓子を我慢すれば利益を受けるはずだった未来の自分に対しても、罪悪感を覚える。私自身、自分が他人を失望させる人間だとは考えたくない。

こうした心理的コミットメントが歯止めとなり、未来の自分に対してある種の行動を約束することになる。しかし、約束を破ったとしても罰を受けるわけではない。罰金を払う必要もなければ拘束されるわけでもない。フランスの経済学者、ローラン・ベナブーやジャン・ティロールも指摘しているように、**私たちが計画から逸脱した場合にまず失うのは、「自分自身に対する信頼感」だ。**

目標を達成するには、これまで紹介したような単純なコミットメントの他に、さらに一歩踏み込んだ、もっと極端なコミットメントもある。それを紹介しよう。

「抜け道」を排除する

デイブ・クリッペンドルフは、かつてはマサチューセッツ工科大学（ＭＩＴ）のビジネススクールの学生だった。ボストンの中心にあるアパートに住んでおり、近所には大型のスーパーマーケットがあった。学校帰りに寄ってスナック菓子を買うには便利だったが、間食を控えたいと思う気持ちも強かったため、その環境が悩みでもあった。

葛藤をくり返す中、スナック菓子への執着にブレーキをかける方法を考え始めたそうだ。スーパーでクッキーの小袋を買いたいという衝動を抑えることができない。スーパーに行く回数を減らして、大袋のクッキーを買ってみても効果はなかった。そこで、より自分に負荷をかける手段を取ろうと決めた。

ＭＩＴに在籍し、世界有数のエンジニアや起業家志望の学生に囲まれていたせいか、彼がたどり着いた解決策は新製品の発明だった。新製品といっても最新のアプリやハイテク機器ではなく、昔ながらの「金庫」だ。クリッペンドルフはこの金庫を「キッチン・セーフ」と名づけた。

それは名前のとおり、カギのついたキッチン用の金庫だ。とはいえ、ボルトで締める武骨な金属のしかけではなく、スマートロックがついたふたつきのプラスチック製タッパーウェア、といったところだ。カギをかける時間は1分から10日間まで設定が可能。どれだけカギをかけても自由だが、この金庫の最大の売りは、日常生活に存在する誘惑を排除できることにある。

そもそもこのキッチン・セーフ、彼がビジネススクールの授業で最終課題として考案したものだった。スナック菓子の誘惑を断ち切るための手段として新たに開発したこの金庫を、彼はサイド・プロジェクトとして発売し、さらにはウォール街での仕事を辞め、本格的に起業して売り始めた。当初は小さなスタートアップだったが、今では自立した企業として成長。自制心を抑えられない多くの消費者が、みずからの欲望に抗うためにこの金庫を購入。毎年、数万個を売り上げている。

キッチン・セーフの使い道はさまざまだ。本来の用途どおり、チョコレートやクッキー、キャンディーをしまっておく消費者もいる。一方で、より深刻な問題に対処するためにこの金庫を使用する人も多い。アルコールや薬物、処方せんを隠しておくために利用するのだ。

私がおもしろいと思ったのは、インターネット中毒を克服するためにキッチン・セーフを使った若者のエピソードだ。SNSで読んだのだが、その方法はかなり極端だ。用意するのは南京錠と物理の本、そしてウォークイン・クローゼット。彼は物理の本に集中するためにクローゼットに閉じこもり、南京錠でカギをかけ、そのカギをキッチン・セーフに入れ、4時間のタイマーをセットしたのだという。勉強に集中するための強硬手段だ。

私もこのキッチン・セーフを利用している。きっかけは、家族団らんのときに何度もスマホの画面を見る自分に気がついたことだ（グラスに水をつぐためテーブルから立ち上がる際、必ずX〈旧：ツイッター〉をチェックしていた）。

夕方になると金庫にスマホを入れてロックする。少なくとも子どもたちが寝るまでは金庫の中に入れておく。私が使っているのは、まさにこうした用途のために設計された型だ。容器が不透明なので、ポップアップ通知やアラートが表示されても外からは見えない。箱の背面には充電器のスペースがある。

一瞬で選択肢を断つ方法

キッチン・セーフは今や本来の用途をはるかに超越し、さまざまな問題を抱えた人の解決策になっている。ちなみに最近、彼は社名と製品名を「KSafe」に変更した。

この金庫がコミットメント・デバイスとして、なぜこれほどまでに威力を発揮するかというと、私たちから**選択肢を完全に奪い去る**からだ。金庫に入れてしまえば、クッキーもスマホも処方薬も手元から消えてしまう。クローゼットから出ることさえできなくなるのだ。実際、一度ロックした金庫を開けるにはハンマーなどの鈍器で壊すしかない。

神経科学者のマーク・ルイスは、みずから依存症と闘ってきた経験から「選択肢を排除する」戦略について、ステーキを冷蔵庫にしまう様子を見た犬の話に例えて、こう解説する。

「冷蔵庫の扉を開ければ肉汁たっぷりのステーキがあると知っている犬は、冷蔵庫の扉を何度も引っかく。しかし冷蔵庫のドアにはカギがかかっていると飼い主が教えれば、犬は冷蔵庫の扉に触れない。肉を食べたいという欲望すらなくなる」

経済学者のナヴァ・アシュラフがフィリピンで、ある実験を行っている。彼女は地方銀行と提携し新タイプの貯蓄商品「SEED口座」をつくった。SEEDは「Save」「Earn」「Enjoy」「Deposits」（貯蓄・利益・楽しみ・預金）の頭文字を表したものだ。この口座はKSafeのようなしくみを採り入れている。

口座に入金すると、自分があらかじめ指定した時期（たとえば学用品を購入する8月やクリスマスの買い物で出費が多い12月など）まで預金を引き出すことができない。その他、目標額に達するまでは引き出させないという選択肢もある。

1年後、SEED口座を開設した顧客は開設しなかった顧客に比べると、残高が82％、約8ドル増加した。些末な額だと思うかもしれないが、実験当時、5人家族が1カ月分の米を購入するに約20ドル必要だったことを考慮すれば、この結果は大きい。アフリカのケニアやマラウイの農村部でも、SEED口座と似た金融商品が人気を呼んでいる。

しかしその一方で、こうした「選択肢を排除する」貯蓄商品を契約しない顧客もかなりの数にのぼる。効果が比較的高いにもかかわらずだ。

実際「SEED口座」を勧められた顧客のうち、口座を開設したのはわずか28％だった。理由の1つは単純で、生活に必要なもの、あるいは嗜好品（お金や食べ物など）が制限されることに抵抗感があるようだ。

サイドメニューを減らす

それでは「選択肢を排除」しつつ、満足できる方法はないのだろうか。心理学者のジャネット・シュワルツが賢い解決策を見つけ出した。彼女が夏にニューヨーク州のコニーアイランドを訪れたときの話だ。コニーアイランドに行ったら「ネイサンズ」のホットドッグを食べないわけにはいかない。ネイサンズはホットドッグのチェーン店でコニーアイランドに第1号店がある。

シュワルツが友人2人とコニーアイランドのネイサンズを訪れたのは、州の条例によりレストランがメニューにカロリーを表記し始めた直後のことだった。シュワルツは私のインタビューで、いつも注文していたサイドメニューのフレンチフライが1100キロカロリーと知ってショックを受けたと話してくれた。

そこでシュワルツと友人2人は、ホットドッグとフレンチフライを3つずつ注文するのをやめて、フレンチフライは1つだけ注文し、3人でシェアすることにした。

注意しておきたいのだが、フレンチフライとホットドッグを1つずつ買って3人で分けたのではない。せっかくコニーアイランドに行ったのに、ホットドッグを3分の1だけ食べて帰ってくる人はいない。3人は本命のメニュー(ホットドッグ)を1人ひとつずつ食べる代わりに、サイドメニュー(フレンチフライ)の量を減らすことにしたのだ。

シュワルツは適度に健康的な食生活を心がけており、必要な摂取カロリー以上は摂らないと決めていたので、この「サイドメニューを減らす」方法は効果があったようだ。

結局3人はホットドッグを1つずつとフレンチフライ3分の1ずつで食事を終えた。お腹もいっぱいになり、摂取カロリーも抑えられて満足だったという。

コミットメント・デバイスの専門家であるシュワルツは、中華料理のファストフード店と協力して、共同研究者とともに、改めてこのアイデアをテストした。

被験者は主菜と、4種類の副菜(蒸し野菜、白ご飯、チャーハン、焼きそば)からどれかを選ぶセットメニューを注文した。高カロリー、高でんぷんの主菜を注文した場合(いずれも400キロカロリー以上)、被験者が希望すれば、半分の量に減らすことができるとした。

実験前、高カロリーの副菜を少なめにしたいとみずから申し出た被験者は全体の1%程度だった。しかし実験者が「ハーフサイズの副菜も注文可能」と伝えたところ、約3人に

1人がハーフサイズを注文した。だからといって、ハーフサイズの副菜を選んだ被験者がよりカロリーの高い主菜を注文したわけではない。副菜を半分にした被験者は、副菜を半分にしなかった被験者と同程度のカロリーの主菜を注文したのである。1人前の量の副菜を注文した客も料理をほとんど残さなかった。

「半分の量にする」提案が功を奏した理由の1つは、「**主菜ではなく副菜に的を絞ったから**」だとジャネットは説明する。

彼女の指摘どおり、人がファストフード店に行くときは、フライドチキンであれチーズバーガーであれサンドウィッチであれ、主菜となるものを食べたくて行くことが多い。だから主菜を残すことには抵抗感がある。しかしライスやフレンチフライなどのサイドメニューを半分にするのなら、満足できるということだろう。

「ほどほどの」罰則を設ける

しかし、この戦略には大きな問題がある。アーノルド・ローベルの短編集『がまくんとかえるくん』にその様子がうまく描かれているので紹介しよう。

『がまくんとかえるくん』シリーズはカエルとヒキガエルが主人公の児童書だ。短編「クッキー」には、がまくんがチョコレートチップクッキーを焼くシーンがある。

2人はクッキーを食べ、こんなおいしいクッキーは食べたことがないと感激する。そして、また食べる。そして……また食べる。「もうやめよう！」と言いながらも食べ続ける。

クッキーの目利きであり、かしこいアマチュア心理学者でもあるかえるくんは、暴食を止めるために簡単なコミットメント・デバイスを考え出す。

しかし、かえるくんが創造的なアイデアを考えるたびに、がまくんはそのアイデアをいとも簡単に論破してみせるのだ。

たとえばかえるくんが「クッキーを箱に入れれば、食べなくてすむよ」と言うと、がまくんは「箱を開ければいい」と答える。

「箱に紐を掛けたらどうかな」とかえるくんが提案すると、「紐を切って開ければいい」と処理能力の高いがまくんは答える。

「クッキーを箱に入れ、紐を掛けて、高い棚の上に載せればいい」とかえるくん。「はしごに登って、紐を切って、箱を開ければ、全部食べられる」。そんなことをしてもムダさ、と言いたげながまくん。

かえるくんはいいアイデアを思いつく。はしごに昇り、棚の箱を下に運び、紐を切り、箱を開けると家の外に出た。大きな声で「おーい、鳥くんたち、クッキーがあるよ」。すると木にとまっていた鳥がやってきて、箱の中のクッキーを1つ残らず食べてしまう。かえるくんはこれ以上クッキーに翻弄されなくてすむと安心し、ぼくたちは意志力を行使したと満足している。

しかし、がまくんはそうは思っていない。意志力を発揮するのは結構さ、と彼はかえるくんに言う。「僕はこれから家に帰ってケーキを焼くよ」

この両生類の親友たちのように、私たちもコミットメント・デバイスをめぐって心の中で争うことがある。かえるくんと同じように、未来の自分のために最善策を考える。しかし、現在の自分、つまりがまくんは、そのアイデアを阻止しようと策を練るかもしれない。現在と未来という対立する自己の間で絶妙の調和を生み出すには、バランスのあるコミットメント・デバイスを採用することが大切だ。**好ましくない行動を制限するために、ある程度の負荷は必要だが、それがあまりにも強力だと負担になる。**つまり強すぎず、弱すぎずといった適度なバランスが必要なのだ。

コミットメント・デバイスは、利用してこそ効果を発揮する。あまりにも厳しすぎると受け入れられない。

解決策としては、あくまでも適切な罰が与えられるデバイスを採用することだ。つまり**ルールを破った場合に与えられる罰は、抑止力として十分な機能を持つものでなければならないが、危険を冒したくないと思えるほどの痛みを伴うものであってはならない。**

100ドル札を燃やすのか

作家のニール・イヤールは「バーン・オア・バーン」（燃やすか、燃やしてしまうか）と名づけた戦略を取り入れている。

彼はクローゼットの内側にカレンダーを張っているそうだ。カレンダーの当日の日付に100ドル紙幣をテープで張りつけておき、クローゼットの上にはライターを置いておく。

そして毎日、クローゼットを前に決断する。「カロリーを燃焼するか、それとも100ドルを燃やしてしまうか」

つまり運動をさぼった場合、ライターで100ドル札を燃やすという約束を自分に課しているのだ。

これはまさしく「損失回避」の作用である。潜在的な損失、つまり100ドル札を燃やす行為を課すことで、特別な感情が生じ、運動へのモチベーションがアップする。汗をかきたくないのはやまやまだが、お金を失うのもごめんというわけだ。

イヤールにとって、カロリーを燃焼するための運動は何でもいい。ジムに通ったり、腹筋をしたりするのもいいが、ただ散歩するだけでもかまわない。とにかく動くことなら何でもかまわない。

この100ドル札を燃やすという作戦は非常に効果があった。それまではほとんど運動していなかったが、この戦略を取り入れてからというもの、体を動かすようになったそうだ。

この「脅し」は、行動を促すには十分な痛みを伴うが、放棄するほどの苦痛でもない。3年経った今も、彼は「燃やすか、燃やしてしまうか」という決断を日々下している。かつては肥満と診断されたものの、現在44歳のイヤールはかつてないほどに引き締まった健康体だ。

ウォーキングをサボった結果

「適切な罰を与える」戦略については、研究者も実験を重ねている。

先ほど紹介したジャネット・シュワルツの研究チームが、健康食品購入の奨励プログラムに参加している買い物客を対象に、ある割引サービスの加入を促す実験を行った。加入した場合、買い物客は請求額の割引を受けるチャンスが与えられるが、それは6カ月間、健康食品の購入を毎月5%ずつ増やすことを約束した場合にかぎられる。達成できない場合、期間中に適用された割引はすべて無効になる。

100ドル札を燃やすわけではないが、それに近い印象がある。その結果、買い物客の約3分の1がこの割引サービスに加入した。負荷はそれなりにあるものの、極端すぎない内容が功を奏したものと思われる。

さらにこのプログラムにより、健康食品の購入は平均3・5%増加した（ちなみに5%の目標は達成できなかった。習慣を変えるのは難しい）。

この種の「罰金制」コミットメント・デバイスについては、食べ物や運動以外でも成功例が見られる。たとえばある6カ月間の禁煙プロジェクトで、禁煙に挑戦する参加者の口座にお金を振り込むという試みを行った。

6カ月後の尿検査でタバコを吸ったことが判明すれば、お金は没収され慈善団体に寄付される。約10人に1人の喫煙者がこのプログラムに参加。その結果、参加者が6カ月後の尿検査に合格する確率は、参加しなかったグループに比べて3％高かった（ちなみに1年後の抜き打ち検査でも合格する傾向が高かった）。

これと同様に、中途引き出しのペナルティがある投資口座は、同じ利率が保証されているがペナルティのない口座に比べて多くの預金が集まることが、行動経済学者のジョン・ビシアーズのチームによって判明している。これは４０１ｋなど、金利は保証されているが、期日前に預金を引き出すとペナルティが課されるケースと同じ理屈である。

健康的な食生活、禁煙、貯蓄――こうした習慣を促すコミットメント・デバイスに共通するのは、第三者がペナルティを与えること、そしてそのペナルティが自動的に発生することだ。

おわかりだと思うが、この点はコミットメント・デバイスにおいて重要だ。なぜならみずからペナルティを課す場合、あるいはペナルティを課す基準があいまいである場合、言い訳をして罰を免れることができるからだ。

ノースウェスタン大学の行動経済学者、ディーン・カーラン教授のチームは、ダイエットや禁煙などの習慣化を後押しするサイト「StickK.com」を開発し、好評を得ている。この成功のカギは第三者によるペナルティだろう。

たとえば毎日30分ウォーキングしようと決めたらサイトにアクセスして「1日30分歩く」目標を設定する。しかしここで、クレジットカードの番号の登録が求められる。

もしウォーキングをさぼった場合（本人あるいは状況を判断できる身近な人「レフリー」が報告）、ペナルティが下される。懐が寒くなる程度の金額（自身が設定）がクレジットカードに課金され、当人が支持していない政治キャンペーンに寄付されることもある。

StickK.comに登録した目標が必ずしもペナルティと結びついているわけではない。罰金のないペナルティも選択肢にあるので、ノルマを達成できなかったからといって寄付をする必要はない。本章の冒頭で紹介した概念にもとづけば、たとえペナルティがなくても目標を達成できるだろう。

とはいえ、やはり効果的なのは罰則だ。

StickK.comのユーザー約2万人を分析した最近の調査では、金銭的なペナルティを選択したユーザーは全体の3分の1にとどまったが、罰金が発生しないペナルティを選択したユーザーに比べて約束を実行する可能性が4倍以上高いことがわかった。

自分の〝欠点〟に寄り添う

コミットメント・デバイスは魅惑的な戦略だ。心理的コミットメントや選択肢の排除、あるいは抑止力となるペナルティなど、さまざまな方法があるが、いずれの方法も、未来の自分にとって忠実な行動を取るための助けとなる。しかしこの戦略がもっとも効き目があるのは、誘惑に弱いことを自覚している人だろう。

自制心を呼び起こすにはまず欠点を排除しなければならないが、実際はその欠点に寄り添うことが、自制心を発達させ強化するための重要なステップになるというのも皮肉な話だ。

本章の冒頭で紹介したジェイムズ・キャノンは、あれから3カ月後、ジスルフィラムの服用をやめた。彼自身、その時点でもう薬は必要ないと踏んでいた。ジスルフィラムを飲むことで、彼は自分が酒におぼれる原因を特定することができたのだから。

とはいえ、その決断は時期尚早だったのかもしれない――なぜならその後、ジェイムズは再び酒に手を出すようになったのだ。ジェイムズの治療を担当したデルーカ博士も、ジスルフィラムの服用を止めるたびに飲酒を再開していたと、みずからの経験を語っている。

先に紹介したフィリピンの貯蓄商品「SEED口座」に関する予備的な証拠によると、自分自身をもっともよく認識している消費者、つまり自分が誘惑に弱いことを自覚している消費者ほど、「SEED口座」を開設する確率が高かった。より厳密に制御された他の研究でも、同様の結果が得られている。

「壊れていないのなら修理する必要はない」という格言（If it ain't broke, don't fix it.）があるが、先ほどの研究結果はこの格言に微妙な意味合いを加えている。つまり、完全に壊れていないと思われる場合でも、本当に壊れていないのか確認する必要があるということだ。

未来のために現在の生活を改善しようと思うのなら、まずは自分を誘惑するものが身のまわりにあるかどうか確認し、それが何かを特定することが大切である。

とはいえジェイムズの経験が示すように、特定しただけでは不十分だ。コミットメント・デバイスが初期段階でうまく機能すると、その成功体験に達成感を覚えるため、デバイスはもはや不要と結論づけてしまう危険性がある。コミットメント・デバイスの中断を検討する際は、自身の過去の失敗を心に留めておいたほうがいいだろう。

未来を描く 8 のまとめ

■ 自分が望む未来をより確実に手に入れるために、誘惑に屈しないための「コミットメント・デバイス」戦略を取り入れる。

■「心理的コミットメント」はコミットメント・デバイスの入門編。目標を達成するために自分自身で計画を立てる方法である。アカウンタビリティーが必要なパートナー、つまりやると決めたことを実行しているか確認してくれる人を募集してみよう。

■ さらに効果があるのは、魅力的な選択肢を排除する方法（KSafe など）。

■ もっとも効果的なコミットメント・デバイスは、失敗した際にペナルティが与えられる方法。できたら自動的に罰則が与えられて、自分の都合で罰則を調整できないものが望ましい。

9

〝今〟を楽しむために

ミッチ・ヘッドバーグはコメディアンに愛されたコメディアンだった。

1990年代から2000年代初頭にかけて活躍した彼は、その一発芸や二枚舌、そして「デッドパン」と言われるなにも考えていないような喋り方、無表情な顔つきで知られた。

ブカブカの帽子に色メガネ、ダブダブの服、顔にはまばらなひげ。けだるい雰囲気。下品な話題やきわどいジョークを口にすることはほとんどなかったが、日常生活における観察を不条理にシュールに描いてみせた。

ひげを剃ることについてはこんなふうに語っていた。

「ひげを剃るたびに、地球上で他の誰かもひげを剃っているって思う。だから自分もひげを剃ろうって思うんだ」

私自身は、彼がジャンクフードについて語ったジョークが心に残っている。

「体にいい食べ物と悪い食べ物を一緒に摂ったら、胃に到達したときに、相殺されるんじゃないか」

「たとえばニンジンとオニオンリングを一緒に食べたとする。胃に運ばれたときにニンジンが『大丈夫、あなたは私の仲間よ』なんて」

2005年に亡くなったヘッドバーグは、健康的な食事を維持しようとする人々の思いをジョークにしていた。

「アイスクリームやチョコレートを食べても、カロリーにカウントされなければいいのさ」

「キャロットケーキはニンジンが入っているからケーキじゃないね」

未来の自分のために

こうしたジョークは人間の奥深い願望を強く代弁するものだ。現在背負っている犠牲や苦労を軽くしたいという願望である。

世の中の人々は、将来を考えてなぜ今苦労しなければならないのだろう、と思っている。未来の自分の（不確かな）利益のために、現在の自分が犠牲を払う理由がわからない。「未来の自分」対「現在の自分」とのせめぎ合いは、「節約と浪費」「運動することと、怠けること」のみならず、広い範囲に及ぶ。

ここで、「対立」あるいは「潜在的な対立」について考えてみたい。この対立とは、愛する人や同僚との対立を意味する。

親しい友人はよく知っているが、私は基本的に対立を避けるタイプの人間だ。不快な会話は、ことさらに避けている。話がよからぬほうへ向かうと、最悪の場合、関係が崩壊することもあるからだ。しかし、これは付け焼き刃かもしれない。衝突を避けることで私（あるいはあなた）がとりあえず不快感や不安を回避できたとしても、長期的に見れば事態を悪化させることもあるだろう。しだいに相手とのやりとりが気まずいものとなり、関係がぎくしゃくする可能性もある。

念のために言っておくと、ここでいう「犠牲」とは、良好な関係を継続するため、現在の快適さを犠牲にすることだ。

節約や運動といった、今の自分にとっては「面倒」な行為は、後の人生でよい結果をもたらすための「約束」だ。

俳優でコメディアンのグルーチョ・マルクスは、こうしたトレードオフに内在する緊張感を絶妙な言葉で表現している。「なぜ私が次世代の人々を気にかけなければならないのか――彼らが私にいったい何をしてくれる？」

なぜ私たちは未来のために犠牲を払うべきなのか。

最後の本章では、その「楽な方法」を探っていくことにしよう。

「悪いこと」の中にある「いいこと」

1970年代、若かりしころのデヴィッド・シュピーゲルが、スタンフォード大学の医学部で精神医学の教授として教壇に立っていたころ、彼は転移性の乳がんに罹患した女性を対象とする「支援的表現的グループ療法」の共同指導者に就任した。

「支援的表現的グループ療法」とはグループセッションを通して患者同士が互いをサポートし、みずからの経験や感情を表現するセラピーである。

この方法は当時、斬新だった。通常、医師と患者の会話は1対1で行われる（家族が同席する場合もあるが）。しかしシュピーゲル（とその共同研究者）は、乳がん患者が小人数で定期的に集まり、互いにコミュニケーションをとりながら支え合うのがよいのでは、と考えていた。

しかし、他の医師たち——特に腫瘍医——はこのグループ療法の成果について懐疑的だった。シュピーゲルが私とのインタビューで語ってくれたが、医師たちはこのようなセッションを実践する彼を「頭がおかしい」と考えていたという。

8人の女性が1つの部屋で自分のがん体験について語り合い、時間の経過とともに互いの病状が悪化していく（最終的には命を落とす）様子を見届ける。それは、彼女たちの気持ちを落ち込ませるだけではないか。あたかも「君たちは死ぬ運命にある。知らなかったの？」とでも言うように、死という概念を患者に植えつけるだけでは――？

こうした批判にもかかわらずシュピーゲルはグループ療法を続け、一連のセッションは患者たちにとっても大きな支えになった。もちろん患者はたびたび深刻な場面に遭遇した。特に仲間の死を目の当たりにしたときには。

しかし、参加者は大小さまざまなストレスに対処する方法を全員で学んだ。シュピーゲルも指摘しているが、グループ療法はがんというネガティブな要素を消し去るものではない。がんがもたらすネガティブな経験やトラウマに立ち向かう術を身につけるのである。

シュピーゲルのグループ療法に参加した多くの女性も、ネガティブな話題に正面から向き合った。シュピーゲルの研究チームはある実験で、セッションの参加者の感情表現や内容を分単位で分析している。悪い知らせが話題にのぼると――必然的に話題になるものだが――会話のトーンが変化したという。

話し合いはより深刻な雰囲気になったものの、参加者が混乱することはなかった。患者たちにとってセッションは、他の参加者を温かく見守りながらも、ネガティブな話を率直にできる場だった。患者以外の人に話しても、無視されたり適当にあしらわれたりする場合がある。情報に不安を抱いて1人悩んでしまうこともある。だが、セッションの場ではこうした情報が自然と頭に入ってきた。

悪い知らせに対峙しても、それをうまく処理する方法を学ぶことで、いい結果につながる。シュピーゲルの研究チームがセッションに参加した患者を観察した結果、**自身の思いを上手に表現できる患者ほど不安やうつ状態が少なかった**。

またセッションに参加した患者は、人生の時間すら延ばすことができた。

これは初期の研究だが、グループ療法に参加した女性は、参加しなかった女性に比べて約18カ月長く生きている（ただ、その後の研究結果を見るかぎり、この結果は稀有な例と思われる）。

しかし、最近の関連研究のレビューを見ると、グループ療法を受けた女性は――特に高齢で、社会的支援の少ない患者は――長生きするだけでなく、よりよい生活が送れるようになってもいる。患者の側からも、不安やうつ症状が軽減し生活の質も向上したという、信頼性のある報告が寄せられている。

こうした結果にいたる要因はいくつかあるが、もっとも可能性が高いと思われるのは新たな視点だ。

つまり患者は、**悪いことの中にもいいことがあり、その逆もしかりだと気づき始めた**のだ。

たとえば、患者の1人はオペラ鑑賞が趣味だったが、乳がんと診断され、ニューメキシコ州にあるサンタフェ・オペラに通うのをやめてしまった。病気にさいなまれているときに、オペラのような美しく楽しいものに触れる余裕などない。彼女は気持ちが落ち着くまで鑑賞はしないと決めていた。

しかし、仲間との親身ある話し合いを経て、彼女は次の機会がもう訪れないかもしれないと悟り、シュピーゲルにオペラに行くことを告げた。

「がんは変わらず胸にありますけど、オペラを聴いているときは、その存在を忘れることができました。素晴らしい時間でした」と語っている。

平和的な共存

シュピーゲルも指摘しているが、この女性も、そしてグループ療法に参加した多くの患者も「幸福と悲しみは相対するものではなく」むしろ「平和的に共存しうる」ものだと悟っている。

こうした相反する感情について、キャリアの大半を研究に費やしてきたのがテネシー大学の心理学者、ジェフ・ラーセン教授である。『人は幸福感と悲しみを同時に感じることができるのか?』(Can People Feel Happy and Sad at the Same Time?)、『複雑感情の事例』(The Case for Mixed Emotions)、『複雑な感情のさらなる証拠』(Further Evidence for Mixed Emotions)などの論文では、最先端の技術を駆使して幸福と悲しみ、怒りと誇り、高揚と恐怖など、人が異なる感情を同時に抱くという事実について論じている。

なぜ、相反する感情を同時に抱くことがそれほど重要なのか? 実用的観点から言えば、こうした研究結果が不可欠であることには理由がある。

ラーセン教授の研究チームによると、**人はポジティブな感情とネガティブな感情を同時**

に感じ取ることで、1つの感情では決して得られない恩恵を受ける可能性があるという。ちょうどシュピーゲルのセラピー・グループの女性たちのように。

単純な話のように聞こえるが奥は深い。あなたが最近感じたストレスや、ストレスに感じた出来事について思い出してほしい。それは些細なことだったかもしれない。

平日の夜、食事をつくるのが面倒でデリバリーを頼んだ（自分で料理したほうが、健康にもいいし、気分がよくなることはわかっていたのに）。

あるいはもっと重大なこと——たとえば不本意な理由での転職や、それに伴う手続きの煩雑さなど。こうしたストレスに直面したとき、あなたはどうするだろうか。

ネガティブな感情にとらわれ、悩んでも仕方ないのに悩み、自分を責めて過ごすかもしれない。あるいは危険が迫ると砂の中に頭を突っ込むというダチョウのように、現実から目を背けるかもしれない。

しかしもう1つ選択肢がある。それは先述のオペラファンがとった行動だ。悩みを抱えながらも楽しく過ごそうと自分を鼓舞する方法である。

そうすることで、未来の自分の生活を向上させることができるかもしれない。

ネガティブの中に幸せを見つける方法

数年前、私は共同研究者ジョナサン・アドラーとともに、このアイデアを試した。オーリン工科大学の臨床心理学教授であるアドラーは、すでに心理療法の体験について研究を行っていた。彼は3カ月にわたり、週1回のセラピーに参加する外来患者を追跡調査した。セラピー終了後に自分の考えを日記形式で短く書いてもらい、「心理的な充足感」についても報告してもらった。

彼の研究は「ネガティブな状況に喜びを添える」体験がどれだけ有益かを学ぶ絶好の機会になった。ネガティブな経験の中にも喜びや楽しみを見出すことで、現在のみならず将来的にもよい結果をもたらすようなのだ。

それを再度確かめるため、私とアドラーは研究助手に患者の日記を分析・分類してもらった。

それらを読むと、悲しみや恐れ、あるいは幸福感といった単一の感情ばかりをつづる患者もいれば、心に渦巻く複雑な感情を語る患者もいた。たとえば、幸福と悲しみが混在する次の日記を読んでほしい。

「この数週間は大変だった。妻は妊娠9週目に入り、母子ともに健康で過ごせるようお祝いをした。しかし、自分はまだ仕事が見つからない。妻の祖母の死期が迫っていることを考えるとつらい。昨年1月の妻の流産についても、まだ心に傷が残っている。『なんで自分なんだ、勘弁してくれ！』と言いたくなる。でも、それなりに自信もあるし、幸せを感じているというか……。落ち込んでいないと言えば嘘になるが、結婚してよかったと思う日々だ」

時間をかけてやってくるもの

3カ月後、**日記を書いた患者のメンタルヘルスは改善し、より深い充足感を抱くようになった**。これは何十年にもわたる心理療法の研究と一致する結果だ。

果たしてこの研究でも、**相反する感情を同時に抱くことが重要だ**と明らかになった。あるセラピーから次のセラピーまでの間に、喜びと悲しみが入り交じった感情を抱いた患者は、心理的な充足感においてもっとも顕著な改善が見られた。

それは喜びあるいは悲しみ、どちらかだけを体験した場合の影響を取り除いても、同様の結果が得られた。

ポジティブな感情とネガティブな感情、どちらか一方の感情だけでなく、両方が組み合わさることで、より充足感を得られることが判明したのだ。

つまり、**充足感とは、単に幸福を追い求めることで得られるものではなく、困難な状況の中でも喜びや楽しさの兆しを見出すことで得られるもの**なのだ。


驚いたのは、そうした**入り交じった感情が充足感に与える影響は、すぐには現れない**ということだ。ネガティブな出来事に、喜びや幸せ、希望が持てる出来事をほんの少し加えたからといって、ネガティブな感情が魔法のように一瞬で消え去るわけではない。

たとえばある患者はセラピーで喜びと悲しみが入り交じった感情を経験したが、それが効果となって表れたのは翌週だった。つまりいいことと悪いことを同時に体験した結果得られる真の恩恵は、即時的ではなく、**時間をかけてやってくるもの**なのだ。


こうした結果は別の研究でも明らかになっている。亡くなった配偶者との楽しい思い出を語る遺族は、時間の経過とともに悲しみの度合いが弱くなることもわかっている。

また別の研究では、故人との楽しかった思い出を追体験すれば、悲しみが癒され少しずつ回復していくことが判明している。

さらには相反する目標に直面したときに（ダイエットを続けながら、会社で配られたドーナツを食べたいなど）、どちらの目標も達成したいと考えると、誘惑に打ち勝つのが難しくなることも判明している。

ネガティブな感情を抱きながらポジティブな考えを呼び起こすことで、ストレスに対処しやすくなり、たとえ困難な状況にあってもそれを乗り越え、よりよい未来につながる、という教訓が得られている。

より現実的な話をすれば、現在つらいことに取り組んでいる場合、その苦労が笑顔につながるような事象と組み合わせることで、よりよい結果がもたらされるといったしくみをつくると効果的だ。

このアイデアを利用し人気を博しているのが「懸賞つき定期預金」として知られる金融商品である。貯蓄という節約行為を宝くじや懸賞品とセットにすることで、人々に夢を与え、貯蓄を促すというしくみだ。

ペンシルベニア大学ウォートン校の行動科学者ケイティ・ミルクマンも、学生時代の体験からこの洞察を得ている。

博士課程に入学して間もないころの彼女は、難度の高いコンピューター・サイエンスの授業に出席しながら、ジムに通うモチベーションを保とうと必死だった。そんな生活の中でどうしても譲れなかったのは、のんびり本を読むひとときだったという。夜になると好きな新刊書籍を読んで過ごした。

私たちは目標達成のためには娯楽は禁物と考えがちだが、もしネットフリックスを観なかったら果たして生産性がアップするだろうか。趣味を味方につける方法はないだろうか——と考えたミルクマンは、読書を楽しむ欲求を生産性アップにつなげることを模索した。

ジム通いから歯磨きまで

ミルクマンは私にとって友人であり共同研究者でもあり、ユニークな科学者だ。その独創性の一部は必然性から生まれたものだ。

自分自身の人生（そして数え切れないほど多くの人々の人生）に伴う困難をどう乗り越えればい

いか、彼女は常に模索している。

あるとき、会う約束をしていた私たち。2人ともその後にすぐ用事があることが判明した。そこで彼女は、用事の10分前に電話で話をしようと提案。「そうすれば時間をムダにせず、本題に入ることができるでしょう」

彼女はいつもこんなふうにユニークな考え方をする。楽しいことと楽しくないことを同時に行う、というのも彼女のアイデアだ。

「ジムで運動しながら小説を1章分だけ読もう」

あるいは「ペディキュアをしながら勉強しよう」。

彼女が「**ご褒美とのカップリング**」と名づけたこの戦略は、面倒やストレスの原因になりそうなことを片づけるにはぴったりの方法だ。

この戦略は他にも効果があることがわかっている。たとえばペンシルベニア大学の学生を対象に行った実験がある。ミルクマンの研究チームは大学のキャンパス内にあるジムと提携し、秋学期が始まると、学生を誘い運動をさせた。

学生を3つのグループに分け、1つ目のグループには運動だけに専念させた。

2つ目のグループには娯楽を提供し、楽しみながら運動をさせた。ここでの娯楽は研究チームが用意したオーディオブックを学生のｉＰｏｄにダウンロードしたもので、学生たちはそれを聴きながら運動した。

３つ目のグループには少々過酷な手段をとった。２つ目のグループと同様、オーディオブックを聴かせながら運動をさせたのだが、オーディオブックがダウンロードされているのはジムが所有するｉＰｏｄなので、学生たちはジムに来ないとオーディオブックの続きが聴けないというカラクリになっている。

その結果、最初の数週間で見た場合、３つ目のグループは１つ目のグループ、つまり運動のみに従事したグループと比較すると、運動量が51％増加した。２番目のグループは運動量が29％増加した。

24時間営業のジムでも実験を行った。４週間の介入期間とその後の約４カ月にわたる期間中、利用者に無料のオーディオブックを提供したところ、ジムに通う頻度が上昇した。

ミルクマンいわく、「ご褒美とのカップリング」のよさは、気分しだいでご褒美を変更できることだという。本が好きなら、数週間ごとに別の本に替えるのもいいし、本でなくてもいい。**大切なのは自分が楽しいと思えるものをカップリングすること**だ。

楽しいことと楽しくないことを組み合わせる方法については、より可能性を秘めた戦略がある。カリフォルニア大学ロサンゼルス校のビジネススクール、UCLAアンダーソン・スクール・オブ・マネジメントでマーケティングを教えるアリシア・リーバーマン助教は私の同僚だが、彼女が提唱しているのが「歯磨き」との組み合わせだ。

リーバーマンによれば、私たちは総じて歯を磨く時間が短い。彼女は常日ごろからさまざまなことに情熱を注いでいるが、かつて公衆衛生に携わっていた経験から、口腔ケアに対する意識が高い。歯科医は1回につき2分間の歯磨き（それを1日2回――当然だが）を推奨している。

しかし洗面所に立って歯を磨いていると、2分間という時間はやけに長く感じるものだ。番組をストリーミング配信したり、SNSをチェックしたり、無心でポテトチップスを食べたりしているときには、それほど長く感じないのに。

そこでリーバーマンは歯磨きに「気晴らし没頭法」を取り入れるよう推進している。歯磨きや手洗い、散歩のように、退屈だが大切な習慣をさぼってしまう場合、気晴らしになるようなことを一緒に行うとうまくいく、というのだ。

気を取られて歯磨きがおろそかになってはいけないが、それでも効果がある。実際、リーバーマンの研究チームの実験によると、クマやオオカミが登場する見ごたえのあるドキュメンタリーを観ていた被験者が歯磨きにかけた時間は、淡々と自然の風景が流れるビデオを見ながら歯を磨いた被験者より、約30％長かった。

「気晴らし没頭法」が「ご褒美とのカップリング」と異なるのは、退屈なタスクとペアで行う行為は「少しだけおもしろいもの」でなければならないということだ。より複雑な気晴らし、たとえばスマホアプリの難しい単語ゲームをやりながら歯を磨いたりすると、夢中になってしまい、歯を磨くのを早々にやめてしまう可能性があるからだ。

もう1つ重要な違いがある。「ご褒美とのカップリング」は行動を始めるのに役立つが（ジム通いなど）、「気晴らし没頭法」はタスクを習慣づけるのに効き目がある。

退屈なタスクがスイスイはかどるやり方

この戦略は会社でも応用できる。リーバーマンも提案しているが、従業員に手洗いの習慣を定着させたかったら、トイレの鏡に電光掲示板などを設置し、毎日のニュース記事を配信すればいい。オーディオブックやポッドキャスト、あるいは好きなアーティストの新譜を聴けば、退屈なタスクもはかどるのではないだろうか。

好きなことと嫌いなことの組み合わせは、歯磨きから税金納付、掃除にいたるまで、さまざまな場面で効果を発揮する。

しかし、気をつけておきたいことがある。**一石二鳥ばかりを狙っていると、本当に好きな趣味を純粋に味わえない可能性がある。**楽しいこととあまり楽しくないことは、必ずしも同時に行う必要はない。

時にはおもしろい本に没入したり、ドラマの新シリーズを夢中で観たり、エステサロンに行ったりする「だけ」の時間も必要だ。

こういった方法は、場合によっては極端に走る可能性もある。たとえば最近、中国のマクドナルドの店内の写真が公開され、話題になった。客がエアロバイクで運動しながらビッグマックを食べている写真だ。これは本章の冒頭でミッチ・ヘッドバーグがジョークにした「悪を善でカバーする」行為から逸脱していると思う。とはいえ「**やりたいこと**」と「**やるべきこと**」**の組み合わせは、なりたい自分に成長する一助になるかもしれない。**「犠牲」を楽に感じられる方法は他にもある。そのインスピレーションは、思いもよらない意外な分野からもたらされた。タイプライター業界だ。

大きなものを小さく見せる

ソルトレイクシティの地元メディア「デザレットニュース」は、かつて『ソルトレイク・テレグラム』という日刊紙を発行していた。1960年8月26日付の紙面を開いてみると、さまざまな記事が目に飛び込んでくる。

アメリカ大統領選候補のジョン・F・ケネディとリチャード・ニクソンのそれぞれの長所と短所を解説する記事から始まり、新学期を控え、子どもたちが学校に通うメリットについて述べる社説、そして盛夏を惜しむマンガ。最下段には他の広告に交じって、オリンピア社の最新型タイプライターの広告がある。「プレシジョン・ポータブル・モデル」と呼ばれる型だ。

画質の粗い写真のすぐ下には、大きな文字が躍っている。「最新型タイプライターがあなたのものに　1日たった1ペニーで!」

60年以上経った今、この手の広告はそう珍しいものではない。たとえばシカゴのマットレス会社は「一晩たった10セントで極上の寝心地」が味わえるとうたっている。1980

年代に入ると、定期購読の雑誌の宣伝に、年間価格ではなく1冊当たりの価格が表記されるようになった。

今となっては少々凡庸に感じる手法かもしれないが、効果があったのも事実だ。80年代、1冊当たりの雑誌の価格を表記した広告の費用対効果は、年間価格の広告と比較すると10％から40％も高かったという。

それはなぜか？　一見、高価な商品を廉価に見せるための戦略のように思えるが、経済学者ジョン・グルヴィルが発見したように、この広告の本当の狙いは、他の類似する些細な出費を想起させることにある。

1000ドルのマットレスと聞けば高い、と思うかもしれない。家賃や住宅ローンを除けば、普段の生活でそこまで「出費がかさむ」ことはないからだ。しかし仮にそのマットレスを7年間使い続けたとしたら、1晩当たりの費用はおよそ40セントになる。そう聞けば印象は変わる。40セントなら財布から取り出すのも胸が痛まない（私の場合、その程度の価格で思い浮かぶのは切手だ。とはいえ私は普段切手をほとんど使わないので、同じ40セントなら質のいい睡眠を得るためにも、マットレスの購入を選択するかもしれない）。

そしてこの「大きなものを小さく見せる」戦略こそ、現在の犠牲をより楽に感じるためのテクニックだ。私は共同研究者のスティーヴ・シュウ、シェロモ・ベナルチとともに、この戦略を実践している。

実践の舞台は南カリフォルニアの金融テクノロジー会社、エイコーンズ（Acorns）だ。投資初心者を対象とした貯蓄・投資アプリを運営する会社である。

このアプリは計画の段階で1日当たり数千人の登録があった。これほど多くの人が貯蓄や投資を始めようとしていることじたい、いい知らせだ。しかし貯蓄も投資も、長期に継続すれば効果が上がる。

行動経済学者も指摘しているとおり、それには**自動的な貯蓄がもっとも効果的**だ。つまり考える必要もなければ行動する必要もない、なにもせずとも自然にお金が貯まっていくのがいい。

それにはどんな方法があるだろうか。そこで私たちは貯蓄プランの勧め方を少々工夫することにした。ユーザーを3つのグループに分け、それぞれ月額150ドル、週35ドル、1日5ドルのプランを勧めた。3つのプランは、月単位に換算するとほぼ同じ貯蓄額になるが、貯蓄に伴う精神的負担はそれぞれ異なる。

1日5ドルなら心理的な負担も軽い。使い道もすぐに挙げられる程度の金額だ。

■1日5ドルなら精神的負担が少ない■

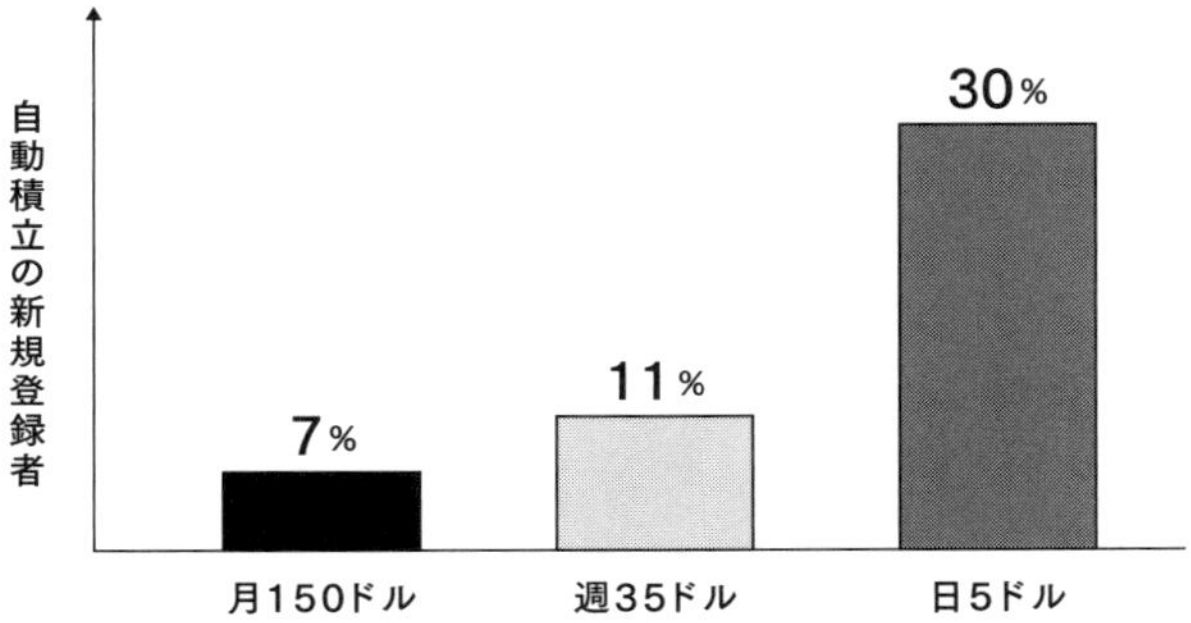

実際、5ドルと聞いて多くの人がスターバックスのコーヒーを想像する。しかも1日5ドルのプランを選んだ場合、1年後の貯蓄額は1825ドルで、月150ドル（年額1800ドル）や週35ドル（年額1820ドル）のプランより多くなる。

それにもかかわらず、グラフで見るとおり、日単位のプランに申し込んだユーザー数が、月単位（または週単位）のプランに申し込んだユーザー数の4倍にのぼった。

日単位での貯蓄の提唱は、単に加入者を増やしただけでなく、「所得と貯蓄のギャップ」の解消にもつながった。

裕福でない人ほど貯蓄にお金を回せないため、貯蓄格差が生じるものだ。しかし日単位のプランにかぎっては、週や月のプランと比較すると貯蓄格差が縮まった。低所得者と高所得者が同じ割合で契約したのだ。

「大きなものを小さく見せる」戦略はショッピングでも使われている。「今買って、あとで払う」（buy now, pay later）と呼ばれる決済方法だ。いわゆる後払い方式で、代金を分割で支払うこともできる。以前から存在したが、新型コロナの流行に伴いネットで買い物をする人が急増したため、爆発的に普及した。

とはいえ、新しい財布であれ、キッチン用品であれ、家庭用のオーディオシステムであれ、手が届かないものでも買えてしまうので注意が必要だ。現在この本を執筆している時点では、アメリカの消費者の5人に約4人がこうした後払い方式を定期的に利用している。

「壮大な目標達成」にも使える

「大きなものを小さく見せる」戦略はほかにもある。たとえば借金を返済する場合、少額の借金がある口座から先に返済したほうが借金を整理しやすい。

またボランティア活動や奉仕活動を人に頼む場合は、1週間に4時間、あるいは2週間に8時間というように時間を細かく区切ったほうが、「年間200時間」より引き受けてもらえる確率が高い。

一般的に、大きな目標を細かく分割したほうが、計画に多少の差があったとしても目標達成が楽に感じられるものだ。スタンフォード大学経営大学院のズーチー・ホワン准教授の研究チームも指摘しているが、**目標を細分化することで、スタート地点に立ったときにやる気がでやすい**。

たとえば階段の上り下りで計200キロカロリーを消費しようとした場合、50キロカロリー×4回と考えるほうが心理的負担は少ない。ノルマ達成に近づいたら、全体の運動量を念頭に置き、あとどれくらい上り下りすれば200キロカロリーを消費するか考えるほうがいいだろう。

さまざまな研究結果を総合すると、細分化のメリットがデメリットを上回ることがわかる。とはいえこのアプローチは、長期的に見て利益をもたらす場合と、そうでない場合があるので注意が必要だ。物事を細分化すべきケースは2つある。

①リソースを使うのではなく蓄積するとき（長期旅行のために貯金をする場合など。ステレオの

ように高価な商品を購入する場合は全体の費用を考えたほうがいい)。

② 何かを始めるとき(たとえば30分のジョギングを行う場合、5分単位で目標を設定する。ジョギングが終わりに近づいたら、あと何分で30分か意識しながら走る)。

もう1つ、現在の状況が楽になる秘訣を伝授しておこう。

今が「最高のチャンス」だ

カール・リチャーズ一家は数年前、アメリカからニュージーランドに移住した。当初は友人もいなかったため、子どもたちを預けて夫婦で外出することはできなかった。やがて地域とのつながりができてからは、夫婦だけで町を離れることに抵抗がなくなった。そこで彼は旅を計画した。ニュージーランド北東部沿岸の人里離れた美しい入り江、ナイディア・ベイでのシーカヤック・アドベンチャーだ。

しかし3日間の冒険にかかる費用は決して安くはない。カヤックのレンタル料、食事代、そして小さな宿の宿泊代を合わせると、全部で1000ドル以上はかかる。リチャーズは公認投資コンサルタントなので、出費の長所と短所を天秤にかけることには慣れているが、いくらなんでも高すぎると感じた。

カールは当初、費用ばかりに気を取られ、この旅行を単純な数学問題のように考えていた。1000ドルは大金だ。もしこの1000ドルを投資した場合、平均収益率が7・5%なら20年後には4461ドルになる。彼は楽しみを犠牲にしようかと考えた――旅行を安くあげるか、あるいはキャンセルするか。たった3日間の旅行のためにこれほどの大金を使うのは、将来のためにあまりにも無責任だと思ったのだ。

「高い」という彼の直感は、未来の自身の願望に沿ったものだといえるだろう。今の自分がお金を使わず貯蓄すれば、「未来のリチャーズ」は経済的に助かるからだ。

しかし、それは本当に正しい決断だろうか。

未来の自分のためだと思って行動したことが、結局何の役にも立たなかったら？

同様に、私たちも何かをあきらめたり、後回しにしたりすることがある。「そんなことはない」と思うのなら、これまで地元の観光名所をどれだけ訪れただろう。

ニューヨークに住んでいる人は、最近エンパイア・ステート・ビルや自由の女神像を観に行っただろうか。おそらく、最近はどの観光地にも足が遠のいているだろう（たとえ行ったことがあるとしても)。

実際、私の共同研究者であるスザンヌ・シュウも指摘しているが、シカゴやニューヨークを訪れる人々は、平均して数週間で6カ所前後の観光地を回っている。しかし住民はどうか。越してきた年に平均3カ所の観光地を訪れるだけだ。

「今行かなくても、いつか行ける」

私たちはそうやってチャンスを後回しにする。しかし、訪れるなら「今がそのとき」だ。

確かにその土地に住んでいれば、美術館も記念碑も建物も史跡も、後で行けばいいと思うだろう。しかし「明日からダイエットを始めよう」「物置きを明日片づけよう」と思って、その明日が永遠にやってこない場合はよくある。

有名な美術館を訪れたり、高級レストランを予約したり、記念日やお祝いのために極上のワインを購入するなど、人生を彩る楽しい出来事さえも、実現しない可能性があるのだ。

楽しみをあまりにも長く先延ばしにしていると、その価値がなくなってしまうかもしれない。

期限が切れる前にマイレージを使い切ろうと、あまり思い入れのない場所に旅行をしたことはないだろうか。あるいは、レストランの食事券を使う絶好の機会を待っていたのに、いざ行ってみたら閉店していた、そんな経験をした人もいるかもしれない。

こうした例は比較的些細なことに思えるかもしれないが、おそらく最善の策と思って取った行動が、深刻な結果を招く場合もある。

「FIRE」実践者の末路

ここで「FIRE」というムーブメントを紹介しよう。FIREとは「Financial Independence, Retire Early」（経済的に自立し早期退職しよう）の頭文字をとった言葉だ。20代や30代前半という早い年齢で退職し、経済的に自立した生活を目指すライフスタイルである。

このような一見不可能に思える目標を達成するため、人々は徹底的に支出を減らし貯蓄（収入の半分以上）に励む。

FIREを目指して生活を切り詰め、その結果、成功している人々も確かに存在する。そしてFIREのいくつかの原理が道理にかなっていることも指摘しておきたい。人生後半でより多くの財源を得たいのならば、今削減できる支出を見極め、節約することは賢明なやり方だ。

しかし、涙ぐましい努力を重ねてきた人の中には、将来のために大きな代償を払っていると気づいた人もある。2年間にわたりFIREを実現しようとしてきたリサ・ハリソンもその1人だ。

以前は「寝る前に有料テレビを見て、金曜日にピザを食べに行き、毎週日曜日は、街中にあるお気に入りのカフェでコーヒーを飲むこと」を楽しみにしていた。

だが、彼女はこの楽しみをすべてあきらめ、夫と2人、早期退職に向けて貯蓄に励んだ。しかし「日々の楽しみを失ったのは、私にとって大きな犠牲でした」。資産が増えるにつれ、リサの幸福感は減少した。彼女はFIREをやめた。

リサの経験は、将来のために現在の生活に過剰な負荷をかけ、その結果生じる危険性を浮き彫りにしている。研究者はこの種の行動を「遠視」と呼んでいる。**先ばかりに目を奪われ、その結果、自分の選択を後悔すること**を意味する。

私はこれまで多くのページを費やして、未来の自分を知り、絆を深めることの重要性を説いてきた。なのに、突如「犠牲」に異議を唱え、今を楽しく生きようと？

しかし、ちょっと聞いてほしい。**未来のために今を犠牲にすれば、現在の自分にとっても、未来の自分にとっても、人生がむなしく感じられる可能性がある**のだ。

リサはバランスのとれた経済生活を取り入れることで、この緊張を乗り切った。早期退職の夢は捨てたが、続けている習慣もある。自分たちの価値観に照らし合わせた上でお金を使うことだ。

テレビ鑑賞や金曜日のピザ、日曜日のカフェタイムも復活した。だからこそ、家計のやりくりや預金の使い道については、より意識的に決断するようになった。

適度に倹約しながらも楽しみを復活させたことで「自分たちが求める生活ができています。今も、これからも変わらずにいられたらいいですね」と語る。

残念ながら現在と未来、双方のバランスを勘案したガイドブックは存在しない。リサの家族ではそのバランスがうまく作用したとしても、読者の皆さんの家庭でうまくいくかはわからない。楽しみと節制、あるいは現在の自分と未来の自分、どちらを優先させるか、思考を続ければ、現在と未来の調和がとれた解決策にたどり着くだろう。

結局、リチャーズ夫妻は大枚をはたいてカヤックの旅に出た。海に漕ぎ出してからおよそ30分後、小さな入り江のそばを通りかかった。海の底はヒトデやエイ、ウニで埋め尽くされている。カールが「ほら」と海底を指さすと、妻は驚きに満ちた表情でカールに視線をやった。

どうして旅行にいくのをあきらめようとしたのだろう。2人は同時にそう思った。

「この瞬間の幸せ」をあきらめてはいけない

私たちは日ごろから、将来のために貯蓄が大切と聞かされている。それはある意味、本書を貫くメッセージでもある。

しかし、リチャーズが言うように、それはコインの片面を見ているにすぎない。カールはこう述べている。「コインのもう片方の面も忘れてはならない。明日のために使おう。なぜなら遠い未来に必要なのは、お金だけではないからだ」

コインは表裏一体である。明日のためだけに生きれば、大切な思い出や経験、友人や家族など、人生を彩るものを、未来の自分から奪い取ってしまうことになる。カールの洞察は、もちろん金銭的な出費だけにあてはまるものではない。

コロナ禍の年、私が自分の研究に費やす時間はますます増えた。ほとんどの人がそうだと思うが、パンデミックのために仕事の生産性は低下した。しかし、より真摯に研究を続けることで通常の軌道に乗り、最終的には将来の糧になると自分に言い聞かせている。

数カ月前のことだ。私は午前中に休みを取り、息子を幼稚園に送っていった。幼稚園までは長い道のりだが、普段息子と1対1で話すことがほとんどないので、いい機会だと思った。

ところが家を出て20分ほど経ったころ、ちょっとした騒動に出くわした。2台の車がゆっくりと停止し、近くで動物管理課のトラックがアイドリングしている。近づいてみて理由がわかった。小さなニワトリがあわてふためいたように路上を右往左往していたのだ。ロサンゼルスに住んでいると、生きたニワトリを近所で見る機会は……まったくない。私はニワトリとの遭遇を奇妙に感じたが、私の脇にいた息子は「ニワトリさんだよ！」と叫んで、大はしゃぎだった。

幼稚園への道すがら、彼はニワトリの話ばかりしていたし、幼稚園に着くとすぐ先生にも報告していた。半年も経つと、息子のニワトリ話は我が家の名物となり、今でも知らない人や友だちの前で、嬉々として披露している。

あの日の朝、仕事を休まなかったら研究はもっと進んでいただろう。しかし仕事を休んだおかげで、普段見過ごしていたことが明確になった。

今を楽しむための答えとは何か。

それは、**ときどき現在という時間に身を任せること**だ。

犠牲を払わず、たとえお金と時間はかかっても、別の豊かさをもたらす経験を満喫する。それが今日をよくするだけでなく、明日をもっと素晴らしいものにする方法かもしれない。

未来を描く 9 のまとめ

■未来の自分のために現在の自分が犠牲を強いられた場合、緊張が生じる。しかし犠牲とうまくつき合うことで、未来によい結果が訪れる。

■現在を楽に生きるための戦略の1つは「悪いことといいこと、両方を引き受ける」こと。たとえネガティブな出来事に直面したときでも、ポジティブな感情を見出す。それがある種の緩衝材になる。

■好きなことと苦手なタスクを一緒に行う「ご褒美とのカップリング」、また、退屈なタスクと少しだけおもしろいことを組み合わせる「気晴らし没頭法」も効果がある。

■「大きなものを小さく見せる」のも心理的負担が少なくなり、目標達成の助けになる。

■現在を享受する方法も見つけておきたい。明日のことばかり考えて生きていると、人生を価値あるものにする思い出や経験が見出せなくなるかもしれないから。

おわりに

「時間とお金」という人生最大かつ、有限の資源

本書の研究・執筆中、さまざまな危機が世界を襲った。国同士の紛争、変幻自在に形を変えるウイルス、インフレ率の上昇、社会や経済の混乱、そして気候変動。

不安と混乱が入り交じる状況下では、将来の青写真を描くことにむなしさを感じるかもしれない。フィデリティ・インベストメンツ社の最近のレポートによると、18歳から35歳までの成人の半数が「事態が沈静化するまで」貯蓄をする意味を感じられないと回答して

いる。

27歳のスタンダップ・コメディアン、ハンナ・ジョーンズは「いつどうなるかわからない未来のために、今の快適な生活を奪われたくない……私は老後のために貯金なんかしない。お金は今使う。サプライチェーンが断絶しないうちにね」と語っている。

この言葉は、多くの人々が抱く現状へのやりきれなさを象徴している。

しかし、この暗澹たる日々にあっても、希望を見出す理由はある。未来のための計画は放棄されるべきではないが、歩みを止めることにも意味はある。なぜなら何が重要だったのかを振り返る機会になるからだ。

例を挙げれば、10年ごとの誕生日もそれまでの人生を振り返る節目となる。この10年間で何を成し遂げたか（あるいは成し遂げられなかったか）、そして次の10年はどんな挑戦をしたいのか。

同様に、パンデミックが世界にもたらした大きな停滞は、真に価値あるものとは何か、多くの人々に気づかせるきっかけになったのではないか。私の仲間、アダム・ガリンスキーとローラ・クライも述べているが、パンデミックは「世界規模での中年の危機」を引き起こした。

時間とお金という有限な資源をいかに使うべきか、問い直されているのだ。

だからといって遠い未来、あるいははるか遠い未来について、完全に無視していいとは思わない。見て見ぬふりをしようとも、時間は確実に時を刻んでいる。

長期的な思考を推進するアメリカのNPO団体「ロング・ナウ協会」でエグゼクティブ・ディレクターを務めるアレクサンダー・ローズ氏はこの緊張感をこう総括する。

「現在表面化している多くの問題は、過去における長期的思考の欠如が要因である」

もちろん、現代の問題は早急に解決すべきだ。しかし目先の問題ばかりに気を取られていたらどうなるか。数年後、数十年後、あるいは何世紀も先に、再び同じ問題が浮上し、しかもより悪化する可能性もある。

この差し迫った危機——ストレスの多い現在と遠い未来——のはざまで、私たちはメンタルリソース、つまり心理的な資源をどう配分すればいいのだろうか。これは難しい問題だが、さらに難しい問題を引き起こしている。
なぜなら未来のための計画は、私たちの人生よりもはるかに長いスパンで考えるべきものだからだ。私たちがこの世にいなくなった時代に生きる人々のための利益をも考慮しなければならない。

この問題は、「環境」という2文字を背景にすると何より大きな意味合いを持つ。気温上昇や高潮、世界各地で頻発する災害。気候変動の影響はあちこちで顕在化している。そうした深刻な災いは――一部はすでに始まりつつあるが――将来世代にも影響を及ぼす。未来の自分を想像し、つながりを感じるのは難しいが、まだ生まれていない子孫との関係性を築くのはさらに難しい。

それでは、危機的な状況が及びつつある未来を変えるために、私たちにできることは何だろうか。心理的な課題を考えると、あきらめて化石燃料を利用するしかないとさえ思われる。スポーツジムにも通う気力のない私たちに現代の経済を変えろと言われても、しょせんは無理のような気がする。

しかし、私はあきらめない。この地球と子孫のために1人ひとりが手を差し伸べられる具体的な方法が存在するはずだ。たとえそのころ、私たちが地球に存在しておらず、子孫と会うチャンスがなかったとしても。

最近の研究で、私は同僚とともに新たなアプローチに取り組んでいる。それは遠い未来のために行動を起こすべく「過去」に目を向けさせる――というものだ。自分のコミュニティに深く根を下ろしているものに目を向け、これまでどんな歴史があったのか、これから何が起こるのかについて多少なりとも興味をもつことが、環境にいいインフラを整える大きなきっかけになるのではないか。

また自国の長きにわたる豊かな歴史に目を向けることで、より先の未来を見据えることが容易になり、その結果、環境への投資もしやすくなるだろう。

この研究はまだ準備段階にあるが、興味深い可能性を秘めている。

研究はまだ始まったばかりで、やるべきことは山ほどあるが、1つだけはっきりしていることがある。

私たちの時間軸が15年であろうと150年であろうと、未来の自分や自身の孫に焦点を当てていようといまいと、そして現在の海が穏やかであろうと荒れていようと、私たちは、いつか自身がたどり着くはずの人々を理解し、知り、愛することで、より豊かな人生を歩むチャンスが得られるであろう。

原書に掲載されている参考文献は、以下のＵＲＬから
ＰＤＦファイルをダウンロードできます。
https://str.toyokeizai.net/books/9784492047781/

THINK FUTURE 「未来」から逆算する生き方

2024 年 9 月 17 日　第 1 刷発行
2024 年 10 月 15 日　第 2 刷発行

著　者——ハル・ハーシュフィールド
訳　者——今井仁子
解　説——けんすう(古川健介)
発行者——田北浩章
発行所——東洋経済新報社
〒103-8345　東京都中央区日本橋本石町 1-2-1
電話＝東洋経済コールセンター 03(6386)1040
https://toyokeizai.net/

ブックデザイン………山之口正和＋齋藤友貴(OKIKATA)
カバー写真提供……ゲッティ イメージズ
D T P……………天龍社
編集協力…………リリーフ・システムズ
印　刷……………港北メディアサービス
製　本……………積信堂
編集担当…………能井聡子
Printed in Japan　　ISBN 978-4-492-04778-1